LEYENDO P~~OESÍA~~

Todas las voces, todas

Antología

LEYENDO POESIA
IN LONDON

Todas las voces, todas

EL OJO DE LA CULTURA

2019. Derechos exclusivos de *Leyendo Poesía in London*
Diseño Portada: Enrique Zattara

Editado por
EL OJO DE LA CULTURA
elojodelacultura@gmail.com
Tel. +44 74 2523 6501
London, UK

Índice

PRÓLOGO

Me llamo Lola Llatas y no escribo poesía. Por eso es tan formidable que me hayan encargado la presentación de este libro, un honor y un placer.

Contiene vidas y maneras de ver el mundo de expertos en moldear significados y mecerse en la sombra de cada palabra; de maestros de la metáfora y de trazar intimidades.

Porque eso es la poesía si me preguntan: intimidad. Sentimiento. El punto medio entre lo tangible y lo que no se puede tocar. Entre lo que creemos que somos y lo que de verdad sentimos.

Y estad seguros de que esta no es una antología de poemas al uso, ni pensarlo. Hay dos factores que la convierten en indispensable: el quién y el cuándo.

Quiénes...

Autores con dos almas: la que se han dejado a orillas de sus países de origen y la que se han calzado al entrar en Inglaterra, el país de los mil gestos en el que residen. Se reúnen en LEYENDO POESÍA IN LONDON porque sienten el impulso apremiante de vestir con palabras aquello que les envuelve. Son nuestros pensadores, nuestros exiliados, nuestros viajeros, nuestros ciudadanos, nuestra voz.

Cuándo...

En el preciso momento en el que nuestro universo se debate entre hacerse enorme o cada vez más pequeño; entre expandir nuestras fronteras o ahondar en lo que diferencia a cada región.

Los estudiosos han puesto nombre a cada paso de la evolución humana basándose en la técnica con la que los artistas han descrito el mundo y, los días que vivimos bien pudieran ser analizados en los poemas de este libro.

Lo que las páginas que sostienes piden a gritos es la unidad, clamando emociones que nos envuelven a todos: amor, nostalgia, el descubrimiento de nuevos horizontes, la denuncia de la injusticia y la búsqueda del propio yo entre las sendas de la vida y la muerte; y lo hace al grito de "todas las voces, todas", todos los momentos, todos los actos, todas las personas.

Todos nosotros, todos.

LOLA LLATAS

Puedo escribir los versos más tristes esta noche

(PABLO NERUDA)

RETORNO

He regresado a un lugar donde nunca he estado
He regresado otro
Y es otro a lo que he regresado
He regresado en busca de ella
He regresado a despojarla de todo
De todo aquello que no se llevó la nada.

Juan Toledo

OBTUSO

Dejarte sola a la espera de mi regreso
me llenaba de nostalgia.
Toneladas de hierro en mi equipaje
hacían un regreso ansioso y presuroso.
En ese recorrido, tú implorabas que

                       (aumentara la ausencia.
Y de pronto no volviera.

Palmacera Suárez

CUERPO VELADO

La luz dorada que se filtra entre los listones de madera.
El aura de luz que nimba los listones de la
                                    (persiana veneciana.
El breve chorro luminoso que chispea
                                    (en las aristas de la cama.
El chorro de luz reflejado que se agolpa
                        (en la mano que cuelga al borde de la cama.
Las hebras de luz que se confunden en la cobriza
                                    (mata de tu pelo.
La prolija alternancia de luz y sombra que fabrica listones
rayando la dorada superficie de tu cuerpo desnudo,
la mata cobriza de tu pelo,
tu mano que cuelga al borde de la cama.

La perentoria llamada de esa persiana veneciana
que arrastra en sus imprevistos listones de sombra
la luz incierta de una mañana silenciosa,
de una cama revuelta por los ritos del amor,
de un cuerpo dormido que hace tiempo
                        (sólo ocupa sitio en la memoria.

Enrique D. Zattara

NI POETA NI MUSA

Él no era un poeta,
y ella jamás había sido una musa.
Sin embargo, esa noche,
cuando sus ojos se encontraron,
él descubrió el universo
brillando en su mirada,
mientras un fuego ardiente
les consumió las entrañas.
Al alba, ella le desenredó el cabello
bajo el murmullo del viento.
Él lentamente desnudó su alma,
y le escribió en la piel poemas de amor
dignos de un premio Nobel.

Sandra Dixon

MARIPOSAS PARA VOLAR CON, EN Y SOBRE ELLAS

Solo aquí
despacio
te he pensado.

Solo aquí en silencio
como si de pronto recuperase la memoria
y pudiese recordar tus ojos
esos
que sólo miré una vez
con la misma precaución amarga de

(quien no quiere encontrarse un espacio de luz.
Solo así he mirado la tarde caer entre la costa
y la luna sembrarse en su atardecer
pensando
que tal vez
tú pienses lo mismo.

Que tal vez
las cumbres mortales del camino
no sean más que caballos salvajes
                              (que nos llevan a la guerra
y que haya mariposas
para volar
con, en y sobre ellas
quizás al infinito
donde nadie existe
 y si existen
(los que existen)
son de arena
y entonces pueden ser destruidos
olvidados
o tal vez recordados
solo si queremos
solo si queremos recordarlos.

Es de noche y el día tiembla de miedo
y yo me escondo para que no me encuentre
el tiempo de los otros
ni tampoco la luz de tus ojos
esos
que a veces
ya no recuerdo.

Ana María Reyes

JUST A RIDER

Pensar que te amaba
Soñarte, soñarme amándonos sin tregua
Cabalgando en ti
Libertar nuestros labios y entregarnos
Sin límites, sin dudas

Dos cuerpos como uno.
Nuestra piel brillando saciada,
nuestra piel, que se reclama.
Mentir para gozarnos,
mentir y disfrutar.

Te fuiste aquel brillante día de abril,
tal vez fue la primavera,
que te llenó de gustos raros,
o de otros amores,
ese día florido que decidiste
cabalgar en otras jupas:
Más suaves.
Más acompasadas.
Menos difíciles.

Y me dejaste,
cambiándome for your electrical bike.

Patricia Cardona

POEMA Nº 10
(del libro "Retazos")

Pasó la locura
murió la lujuria
no me alcanzó para conocerla
corrió entre el humo y la avaricia,
entreabiertos tus ojos
sangraban de arrepentimiento.

Miles de años después las musas
me regalarán otro momento.
Un instante solo para recrearte en silencio,
volver a besar tus labios desnudos,
acariciar tu vientre entre miles de vientres.

Volverán las musas a regalarme la lujuria
quizás en otra vida, quizás en miles de años,
cuando volemos lejos el uno del otro
cuando ya no nos soportemos
y el silencio sea nuestro único deseo.

Sonia Quintero

VERTE

¿Para qué querría verte?
¿Para que mi sexo hierva inútilmente?
¿Para que el agua dulce de mi cuerpo
me inunde hasta ahogarme?
¿Para que la miel de mi deseo se vuelva amarga?

¿Para ver tus ojos y saber que se me niega el cielo?
¿Para comprobar que nunca besaré a la luna?
¿Para que los te quiero se infecten
en mi corazón y se hagan purulentos?
¿Para que las mariposas de mi estómago involucionen
hasta convertirse en pupas enanas y deformes?
¿Para acallar mi voz con el candado de la impotencia?
¿Para que querría verte?
 si al verte
            evoco la muerte

Claudia Lozano González

PUERTO DESIERTO

El puerto de mi corazón no tiene embarque,
                          (ni naves ni viajeros,
los arrecifes están mudos,
los oleajes están quietos,
las nubes aparecen,
aparece ahora el Céfiro;
se lleva consigo un moribundo,
un moribundo te quiero.
Lo sepultaron en lo profundo de la mar
o en las dunas del desierto,
lo hicieron bien hondo
para que nunca se oyera de nuevo.
Las caracolas lo traen a la playa
convertido en desechos,

los otros vienen escondidos
en la túnica de un camellero.
Dos lágrimas caen, una en el mar muy adentro,
          (la otra con un me muero en el oasis del desierto.

Jorge Paesano

VERSOS DE DESPEDIDA

Un suave toque de bongó,
Trinea en mis adentros,
Llamando tímido por momentos,
Llenándose de bravura sin saberlo.

El envite escondido de un corazón que quiere,
                              (sin quererlo.
La llama apagada, que siendo llama no quiere serlo.
Tus letras del adiós tan frías, y sin verso,
Sin prosa, sin forma-
En un infinitivo impersonal
Al que no puedo bailar
Las bachatas de ayer.

Son nómadas mis deseos, extranjeros de una letanía,
Que parten sin punto cardinal preciso,
Sin rumbo ni idea alguna de donde irían.
Siguiendo una estrella sin ser magos,
Leyendo en el cielo la astrología.

Esa que no tengo y me falta,

Esa que aunque quisiera no tendría,
Esa que me lleva a tu puerta.
La misma puerta que antes abrías.
la puerta que ya no existe, sin dejar sombra ni huella.
la misma que imagino en tu parcela vacía.

Isaac Suárez

EMPIRICISMO

La mano que acaricia tu rostro
no es mi mano.
Los labios que besan tus hombros y tu cuello
no son mis labios.
No soy el amante atento
si no la bestia urgida
sin causa o efecto
trastabillando en ese tiempo fragmentado
que es la felicidad.

Juan Toledo

UNA MAÑANA CUALQUIERA

Serena te despierta la luz con su caricia
y te giras, desnuda, para encontrar mi cuerpo,
tu voz me quiera suya, tal es la avaricia,
que me falta voluntad para evitar el entuerto

- decides cuando el barco zarpa del puerto
sin que nadie lo impida, tal es la codicia.
Es tu tacto un guante de cachemir cosido
que paseas por mi tez, un tanto morena,
juegas a anular en mí quejido y pena
y en mi reacción, prometes: "yo no he sido"
- traviesos tus cantos, pícara sirena,
maltrecho mi barco, tocado y hundido.
Así como llevas la tormenta perfecta
invocas la calma con un chasquido,
te obedece mi mundo, hada insurrecta;
blanca la bandera de mi tesón rendido
Diriges mi nave en dirección incierta;
bien sabes que ciego y a tientas te sigo.

Gerard Domínguez Reig

POEMA Nº 12
(del libro "Retazos")

- Te acarician mis alas desnudas
mis alas ásperas
que tanto te gustaban.

- Te acaricio, como quien acaricia una fiera
una fiera que saltara asustada.

- Mis alas recorren tus piernas
se deslizan en tu vientre
siento tu río recorrerme
tus entrañas decir mi nombre.

- Te miro a los ojos,
la lujuria de una hiena
el hambre de un animal que no se sacia.

- La rabia de una garra que destroza
el corazón de quien lo ama.
Y gritas mi nombre
lo escucha el mundo entero y
la noche se despierta para llorar lo que no tenemos.

Ahora mis alas alzan vuelo
esas alas que tanto amabas
se deslizan para verte desde lejos
ahora que se marchita mi nombre entre tus senos.

Sonia Quintero

BICOLOR

Our love beginning
una mañana de brisa.
Una brisa que creció con las horas
una brisa convertida en lluvia torrencial.

After that, a la hora de la siesta,
este amor ya estaba en via de extinción.
Yo luchaba por permanecer

I was in love.
Era cómodo para ti quedarte,
sounds good to feel loved.

Solo somos a short time thinkers
Olvidamos contemplar
que no nacimos en primavera,
que llegamos tarde al tiempo
que solo éramos eso:
un aborto de mariposa bicolor.

Patricia Cardona

TRAMA

Trama más trama son dos tramas
por qué no inventas más tramas,
hasta que se acabe toda la trama.
Y ya sin tramas,
celebremos la verdad desnuda:
En tu memoria hay un conquistador que te colonizó
en mi ausencia.

Palmacera Suárez

SPANGLISH

Quiero meterme en ti,
Muchacho de piel dorada
Y from dawn to dusk
Quedar a ti prendada

Quiero perderme en tu aroma
Embriagarme en tu sudor
Saborearte lentamente
Without any rasgo de pudor

Déjame fundirme en ti,
Mi dulce brownie adorado
Para siempre o por un instante
As you please, mi ardiente amado

Sandra Dixon

INTEMPERIE

Ha sido en vano
pues bien sé
que la lluvia y el viento
borrará mi nombre escrito
en el muro de tu memoria.

Juan Toledo

PLANETA ROJO

¿Qué nos pasa?
Sé que me mirabas
¿Cómo me enteré?
Me lo decían tus ojos

Tus ojos mágicos,
Soñadores, tiernos y a veces eróticos.
¿Qué nos pasa?
No lo sé
¿Lo sabes tú?

Tal vez estuvimos atados
En otros cuerpos
En otras almas

Nuestros amores ajenos

¡Pero hoy no están!

¿Qué nos pasa
Sabes tú?

Pregúntale al viento
Que nos envolvió en su vuelo

Aquel poema leído
Sin contestación
Aquel beso negado
Gracias al temor
De tu tímida boca

¿Qué me pasa?
Me pregunto a mí mismo
Persiguiendo un tren blanco
Que nunca se detiene

Lirios sembrados
En el planeta rojo
Que jamás vivieron

Fabián Álvarez

DOS CUERPOS

Dicen los que vivieron en esa época
Los que vivieron en esas lejanías
Los que sufrieron esos dolores
Dicen que los vieron padecer,
padecer de amor.

Que ella lo esperaba sentada a la puerta
con su mirada romántica a las 6
con su mirada indecisa a la 7
y más tarde era como el frío salvaje de la noche.

Que él llegaba tarde y a veces no venía.
Que ella sí sabía de entregas
y su amor aunque salvaje era real.
Que él padecía el miedo de amar en demasía,
que él oculto la contemplaba
sufriendo el miedo de morir de amor.

Pasaron meses, quizá años,
él no volvió.
Ella y su mirada salvaje se perdieron.
Quedaron en la nada del nuevo día.

Patricia Cardona

ALAS DE TERCIOPELO

Buscaba sin saber qué, iba sin saber para dónde
y caí en un abismo de incertidumbre y espera ...
me aferré a tu sonrisa, que me envolvió de lleno
y sin poder ver más allá de la calidez de tu mirada,
me perdí en el mar de tus abrazos,
en la infinita abundancia de tus besos ...
con alas de terciopelo emprendimos el vuelo,
yo con tu aliento delineando mi cuerpo,
¡tú con mi ardor encendiendo tu deseo!
Los dos en un solo ser, con un mismo movimiento,
arrastrados por la corriente de la sangre encendida
y del palpitar unísono de los corazones,
entregados al vaivén de los suspiros
                                        (de las almas encontradas.
Entonces descubrí contigo la razón de mi búsqueda,
encontré en ti el final de mi camino ... me abracé
                                        (a tu ser y a tu congoja,
a esa forma tan tuya de crear misterio,
a la irremediable melancolía en la que envolvías tu vida,
a la simple falta tuya de compromiso y me quemé
                                        (en tu fuego,
me di a ti, sin reserva toda entera, tejí ilusiones,
                                        (escribí cuentos,
preparé escenario, organicé el vestuario,
y cuando quise representar nuestra historia, no encontré
nada más que mis sueños, desperté a la soledad de mi
atardecer, al vacío de mis días,
a la cruel verdad de tu ausencia, a la profunda falta de tu
afecto y a ésta insaciable manera mía de vivir de ilusiones,
de acariciar recuerdos.

Bárbara L. López Cardona

Me olvido de olvidarte
Del perdón a mi pena ¡renuncio!
De eximir mi pecado ¡Abdico!
No quiero ser rey o lacayo ¡soy moribundo!
Hallé mi paz en el exilio más profundo.

En él hundo toda esperanza de tenerte
Y refugio las memorias alegres
Que el tenerte tuvo.
En el rincón lejano y oscuro por no verte
Porque verte expone mi colmo más absurdo:

Haber luchado por quererte;
Quererte lejos tras la lucha;
Probar la lejanía y vaciar mi vida;
Vivir vacío porque ya no escuchas.

Saberme inerte, inmóvil y frágil.
Conocer la derrota y su crónico hastío.
¿Romperán mis ganas el protocolo de no rogarte?
¿O simplemente atesoro lo vivido?
¿Me deleito en el cariño que tuvimos y se ha acabado?
¿Amo sin certeza a ser correspondido?
Te seguiré queriendo a sabiendas de no ser amado
Porque el amor no tiene por qué ser bien recibido.

¿Cómo evito el verte cuando duermo
Si a mi lado apareces cuando estoy dormido?
¿Cómo olvido la ilusa idea de que me quieres
Si de ese corazón narcótico en sueños siento el latido?

Soy tal vez el único en este cruce del tiempo,
En la encrucijada del pasado vivido
Negando atravesar al futuro inminente

Ese futuro en el que no estás conmigo.

Ya el presente se antoja solitario
Por más que mil almas amanezcan conmigo
Dormiré en otras pieles,
Tendré refugio en otros brazos
Y aún estará mi recuerdo en tu nido.
Ese imperfecto y tortuoso remolino,
En el que mi memoria encuentra su remanso.

Me olvido de olvidarte
Porque no hay gloria en tu olvido
Me resigno a ser sólo y amarte
Hasta que se agoten mis latidos.

Isaac Suárez

SIN DUDA

La intensidad de mi alma al sentirte,
no lleva la velocidad del cuerpo para expresarlo,
ella dice que te ama, él dice que me calme

Me pierdo, buscándote en las ondulaciones del deseo,
en el ruido desordenado de las mariposas en mi estómago,
en mi temblor cuando te veo y cuando dejo de verte.
Con dolor, en el miedo de no tenerte más.

En el júbilo cuando vienes,

cuando llegas, sin tiempos sin despedidas,
cuando solo tu existes.

Ahí, mi alma y mi cuerpo se apaciguan,
Y juntos a un solo ritmo te disfrutamos.

Patricia Cardona

EQUIVOCADOS

Creí caer en un profundo sueño, cuando pensé que sería
                             (tu dueño; mas nefasto mi despertar,
cuando en realidad solo te vi pasar. Cuanta ilusión, que
casi vidas destruí, te creí dulce como néctar de flor,
del árbol confundido caí,
se abrió mi pecho, fue un horrible dolor; no tuviste piedad,
tampoco la tuve yo.
Un rostro burlón se jactaba de mi soledad,
                                    (no importó para ti mi caída
en el tenebroso amor y su hoyo. Vete siguiendo tu ego,
que muerto el amor
ya no hay apego;
vete y no mires atrás
que mi senda he recompuesto, ya no hay dolor,
todo lo nuestro ha muerto.

Jorge Paesano

LO IMPOSIBLE

Tienes la musicalidad de lo imposible,
la del trino desordenado de las golondrinas
que vuelan felizmente
sobre un paisaje blanco y nevado.

Tienes el color de lo imposible,
el de un arcoíris abortado en el cielo,
de un día gris, triste y melancólico,
de un invierno londinense.

Tienes el olor de lo imposible,
el que emanan las rosas
que deleitan el olfato de los muertos
con un "te amo" o un "perdona"
que les fue dado a destiempo.

Tienes el sabor de lo imposible,
el gusto irresistiblemente dulce
del fruto de los naranjos de Sevilla.
Tienes la textura de lo imposible,
la que se disfruta cuando con ternura se acaricia
el rostro de la luna, cada veintiocho días

Claudia Lozano González

UN NAVÍO

En este viaje, del amor que te dejé no queda nada.
Tierra árida, seca, vendavales y presagios del fastidio.
Viajo, lleno de desencanto, desprecio y desventura.
Navego entre las aguas pavorosas del asombro.
Me llevo la tempestad, para dejarte en tierra fértil airosa,
llena de júbilo, con un pasaporte de viaje hacia el olvido.

Palmacera Suárez

NADA

No queda paz en tus tierras
ni tu bandera es ya blanca,
aquel sol del mediodía
es frío
   ¡pero quemaba!
y la luna ya no trae
mareas a nuestras playas
- y mira que hasta ayer
lo hermosa que brillaba.
En nuestro jardín no hay flores
por más que yo las regaba
ni vienen ya las abejas
porque andan asustadas
- nada puede ya crecer
abonado en mar salada.
Y aunque antes nuestra cama
era todo risa y fiesta

31

se recoge ya la orquesta
sin pompa pero sin drama;
qué solución más funesta
la única que nos resta
incluso cuando se ama;
que a veces no es suficiente
entregar lo que se siente
si el pesar al cielo clama.

Gerard Domínguez Reig

UNA CUERDA MENOS

Eramos dispares y   reacios
Números primos nada más
desiguales queriendo ser pares
... tenernos, tenerte
descubrirnos en esa cuerda imperceptible,
dos cuerpos moviéndose al ritmo de un solo corazón

Disfrutamos bailar en la cuerda,
Disfrutamos el balance,
como dos marionetas,
como artistas circenses.

Vivimos el miedo a caernos.
Vivimos la desazón de la pérdida de equilibrio
Y siempre al final, amarnos
Sin medidas, sin límites.

Soñar con nuevos amaneceres
nuevos retos en el medio de la nada
Y nos sorprendimos tenues y ligeros
te dejé ir
te solté

Patricia Cardona

Me encumbré en el monte más pequeño
A este lado del mundo
Vacié en su colina mi vida sangrante
Reposé en su falda mis huesos moribundos.

Aprendí a amanecer sobre tumbas ajenas
Y así aprender de sus muertes en vida.
Quise resucitar eterno como el almendro en primavera
Resucita de su pequeña muerte fría.

Tu abrazo es fuego, y tu soplo calma
¿Sobrevivirá mi carne a este incendio?
¿Sobrevivirá a la voraz llama mi alma?

Ánclame en tu playa,
Oculta entre piedras y montes.
Escóndeme en tu costa,
De la avaricia humana.

En tu valle está la paz del Alisio,
En tu vergel de Laurisilva, Pinar y Retama.
Atrás dejé el tiempo de Timonel,
De no tener Rumbo ni Patria.

Que tu volcán sepulte mi soledad,
Que derrita mi tristeza tu lava.
En el balcón atlántico de tus besos.
Los que tirabas desde tu ventana.

Isaac Suárez

ESTA VÍSCERA

Me pregunto ¿cuándo al verte
dejará de supurar miel
esta víscera loca que habita en mi pecho?

¿Cuándo dejará de inflarse
con el helio etéreo de tu presencia,
y sentir que puede volar libre y ligera
en la plenitud de tus ojos
y acercarse sigilosa
a tu oído para decir "te deseo"?

¿Cuándo acallará la música
suave y seductora
que me produce tu mirada
al encontrarse con la mía?

¿Cuándo dejará de soñar
y volverá a ser
un órgano normal
esta loca, muy loca víscera mía?

Claudia Lozano González

BORRÁNDOTE

Cada día, veo cómo te alejas lentamente de mi vida.
Así, despacio, imperceptible, me abandonas.
Un día persigue al otro...
La rutina inexorable al olvido nos condena.

Tus recuerdos van muriendo en mi memoria,
tus caricias se borran silenciosas en mi piel.
El sonido de tu voz es cada vez más lejano
y se confunde con el murmullo del viento.

Te esfumas de mi cuerpo,
de mi mente y de mi sexo.
En mi cama ya no habitas.
Hoy, por más que lo intento,
no logro recordar
el olor de tu cabello.

Tus caminos no son los míos nunca más.
Yo tampoco estoy en tus proyectos.
Un abismo insalvable nos separa.
Hasta me cuesta encontrarte
entre mis sueños.

Te has convertido en un fantasma
que ya no asusta, lánguido y mustio.
Fantasma que se desvanece en el tiempo.
Eres polvo en la bodega de mis recuerdos.

Después de amarte tanto
qué triste reconocer
que los verbos que conjugo
cuando pienso en ti,

son todos en pasado.

Que tristeza descubrir
la finitud de lo que creí eterno.

Sandra Dixon (Colombia)

USTED

Usted me gusta
para ser yo de vez
en cuando

Para extraviar mis dedos
en la selva de su pelo.

Para nadar serena en
el azul de su mirada
y confiarle todos mis secretos.

Para acariciarle el rostro
con el dorso de la mano
y elevarme al cielo
en las alas de sus labios.

Para escalar su cuello
con toda reverencia
y jugar al sube y baja
sobre su pecho amado.

Para buscar duendes traviesos
alrededor de su cintura
y navegar en mi barca
a lo largo y ancho de su vientre.

Para hallar el Big Bang ahí,
en el centro de su sexo.
Para inmolarme sin temor
en el volcán activo de su cuerpo

Usted me gusta señora luna
para poder ser yo
de vez en cuando

Claudia Lozano González

A TI...

Diré a mis ojos que no te busquen...
callaré mi voz para no nombrarte!
sellaré mis oídos para que tu voz no me ofusque...
y encadenaré mis manos para no tocarte!

y aunque gota a gota me desangre...
no abriré la puerta... no dejaré que entres!!
pues ya estuviste adentro bebiendo de mi alma...
tomándolo todo... sin darme nada!...

Diré a mis sentidos que te olviden...
arrancaré tu recuerdo de mis entrañas!
me perderé en el vino y en otros brazos
buscaré otro aliento, otras palabras!

y si aun así todavía te amara, si no pudiera olvidarte...
entonces... sin más pensarlo, sin pesares
diré adiós... a mis amaneceres, a mis tardes,
me iré sin más, al fin del ocaso, a deshacer mis andares...

Bárbara L. López Cardona

AMANTES LEJANOS

Se evapora la conciencia
Cuando cruza tu recuerdo mi camino
Y no vale enseñanza del destino
Ni ley o regla que establezca ciencia.

Escapaste de mi presencia
Llenándolo todo de vacío.
Dejando en mi memoria tu ausencia,
Acostumbrándome de no tenerte el hastío.

El imposible de los amantes que no se tocan
Y se piensan,
El caso de los destiempos de la vida
Y sus desvaríos.
Tus titubeos claros y certeros que mis dudas alimentan,

Las noches sin ti y sus recuerdos fríos.

Se evaporan los segundos al no tenerte,
Igual que si te tuviera lo harían.
Mas sin embargo no pierdo las ganas de quererte,
Como no se pierde el sol del día.

Y acostumbro a ser valiente,
Pero he hecho un pacto con la cobardía.
El coraje para perderte no es suficiente
Y aunque me pierda me encontrarías
En el lúgubre y tenue rincón escondido y a oscuras,
Donde los amantes imposibles
Bailando hacen alquimia.

Isaac Suárez

GRAVEDAD

Era tan sentimental
pero tan profundamente sentimental
que murió aplastado por una lágrima

Juan Toledo

Un huerto claro donde madura el limonero

(ANTONIO MACHADO)

ENCARGO Y RECADOS
AL VIAJERO HACIA AMÉRICA

Tú que viajas a América, amor, amante,
tráeme de allá, de nuestras tierras,
                       (imágenes que me recuerdan esas
construcciones tutelares,
en las que nos reconocemos habitantes puros del planeta,
de pie y altura, hombres totales.
Tráeme toda la luz cegadora de las cumbres,
su cielo invariablemente azul,
las nieves que alimenta en el frío, el dios de la montaña,
y el poderoso silencio de la puna, que desplazando
                                (lo que soy,
apoderándose de mí, morando en mí, me habita,
y me hace también ese silencio.
Quiero la arquitectura precisa de la piedra,
cántaros ceremoniales purificados en el ritual
                             (de los antiguos,
y el cauteloso paso del jaguar divinizado que aún ronda
entre las sombras de las huacas.
Y de Macchu Picchu, tráeme, la perfecta austeridad
de su paciente geometría, la jerárquica presencia
                         (del Huayna Picchu,
ese centinela secular, ese perpetuo guardián
                          (de la ciudad perdida.
Tráeme también, el apresurado salto de los ríos del Ande,
necesito su inocencia con su canción de agua y piedra,
   - Mantaro, Ayaviri, Apurimac, Wilkamayo -.
Tráeme abismos, y rompientes, el rumor del Vilcanota,
el paso quebrado del terreno, el rigor mineral
                         (de las montañas,

la dificultad de los caminos.
Y tú viajero, que caminarás la tierra,
regálame el sudoroso ajetreo de Iquitos,
busca para mí el comercio, el cultivo, la casa del aguaruna.
Quiero también el tatuaje multicolor, la cerbatana,
                                        (la lanza de los jíbaros,
y quiero canoas que remontan ríos cuyos nombres
parecieran ser hijos del rayo y del trueno,
                    - Huallaga, Ucayali, Marañón -.
Y si vas hasta las selvas pobladas
                                (de vuelos y gritos repentinos,
de sonidos que se arrastran, tráeme el rastro del tunche
agazapado en la maraña;
Tráeme ríos imperiales de ondulante cintura
y la atroz serpiente que acecha en las profundidades
                                            (de los pongos.
Tráeme anchos ríos majestuosos,
cargados de légamo y verdura; ríos navegados por semen,
polen, frutas, troncos, raíces y hojas muertas,
ríos lentos, verdes o amarillos, que duermen
                                (su sopor y su cansancio
a la hora de la siesta de los grandes lagartos,
                                    (ríos reclinados
pesadamente junto al sueño y la pereza del caimán.
Tráeme el día y la noche de nuestro suelo,
el cielo nocturno y constelado que tanto amo,
y que hace ya siete años de castigo que no veo;
ese cielo donde las estrellas nos dirigen constantes
                                (llamados con sus destellos.
Tráeme los guiños lejanos de
                        (las Grandes Nubes de Magallanes,
la sencilla marcha en fila india de estrellitas
                                (de húmedo esplendor;
Tres Marías y Cruz del Sur,

patriarcales astros fríos de nosotros los australes.
Y cuando vayas al mar, recoge para mí
                                   (su voz profunda y masculina;
quiero toda la esperma del mar;
tráeme el mar y su movimiento y todo lo que guarda
en su inmenso útero marino.
Tráeme la construcción y la destrucción del mar,
y mareas y lunas enormes que se apoderan de la noche,
de la costa de arrecifes que se alzan como si fueran
los alaridos que dio la piedra cuando nació el mundo.
Tráeme las lluvias, la fina garúa del alba
                                         (cayendo sobre Lima,
la tempestad y el trueno rodando una cabalgata de hierros
y relámpagos sobre los Andes cuando
                                   (los dioses se revuelven
de ira contra sí mismos.
Tráeme lluvias del Cusco, gotas de lluvia
                           (como granos de sal o como lágrimas,
gotas de lluvia temblando entre las hojas,
y dorados campos sembrados de maíz,
                                      (girasoles y zapallos.
Quiero ver resecos algarrobos de los desiertos
y orquídeas palpitantes y húmedas como labios
                                         (bajo un beso,
trémulas y sexuales enredaderas de los montes,
o civiles y delicadas rosas de los jardines,
o también, docas como milagros de la arena,
flores silvestres que aún no tienen nombre.
Tráeme guayaquiles, caucho, palmas sonrientes con su
copa de espadas verdes, para apoyarme
                                  (y nutrirme de la fortaleza
siempre verde de los árboles.
Tráeme semillas de oscuro secreto fecundante,
                           (o frutas de penetrante aroma,

todas las frutas de tu patria, que como en la mía,
yo sé que huelen a mañana recién inaugurada.
Tráeme el padre del día, su estirpe luminosa,
el que casándose con hijas de la tierra

                                    (fundó humana jerarquía,
para establecer el orden de los pueblos, edificar ciudades,
pucarás, templos o caminos.
Tráeme el sol germinal, el ancho sol americano,
aquel que cegara a los caballos que no pudieron

                              (despedazar a Condorcanqui,
el cacique rebelde de Tungasuca.
Tráeme pájaros en su vuelo, gaviotas y martines
pescadores de la costa, delgados flamencos del viento,
y un duro cóndor de hierro y de piedra,
y una tórtola clara, suave y de seda.
Y dame el aire puro de los pájaros, la extensión infinita

                                        (del cielo y su paraje.
Tráeme refulgentes anchovetas,
congrios rojos de satinadas escamas, tráeme toyo fragante,
y tenebrosos mariscos como ciegos ojos vivos del mar.
Tráeme el delicado paso de la vicuña,
y la perfección del vuelo de una bandada de patos
emigrando hacia el Sur, - quizás hacia mis pagos -
o más lejos aún, hacia la Patagonia.
Amor, amante,
tráeme nombres de geografía extensa y orgullosa,
nombres de impenetrables secretos

                                (donde las sílabas se encadenan
para liberar el sortilegio aéreo y mágico

                                    (del ritual de la palabra:
Yurimaguas, Moyobamba, Chachapoyas,
Huanuco, Huacho, Torota, Huancayo,
Ayacucho, Tacna, Macusani, Cahuapanas,
Perené, Omate, Piura, Ica, Chiclayo,

Urcos, Ancón, Calca, Pucallpa, Coropuna,
Callao, Huascarán, Coracora, Huaura,
Jauja, Pampas, Huaraz, Quillabamba,
Azángaro, Huarmey, Abancay.
Tráeme mercados y el tránsito afiebrado del gentío,
y tamales recientemente preparados en las cocinas
y rojos ajíes de encendida potencia picante o pisco claro,
la esencia fragante, el perfume alcohólico de la uva
                                    (en su espíritu blanco.
Tráeme también el viento verde que se apegó
                        (a la amarilla piel de los limones,
y no dejes de traerme ekekos para mejorar la suerte,
ídolos negros, huacos chimúes o mochicas,
empavonados, repitiendo una sonrisa
                                    (en el tiempo detenida.
Tráeme ponchos y chullos de colores irisados,
textiles de Paracas y canastos y sombreros de jipijapa,
la fibra dorada donde el sol dejó estampados
                                    (sus sellos de dominio.
Tráeme por fin,
amor, amante, idiomas que no hablo;
                        (las líquidas lenguas de la gente
de la jungla, y los cristalinos idiomas
                            (de aquellos que se adueñaron
de la nieve y el frío, y conquistaron llanos y alturas,
                                    (jefes de pueblos,
sencillos amos de la papa, hijos del Inti y la Pachamama.
Tráeme el refinado castellano de Lima, pero,
por sobre todo, dame la lengua del pueblo,
el decir de aquellos que no piensan
                                (dos veces antes de hablar.
Tráeme la sencillez de los analfabetos,
                                (el humo de las fábricas,
y el heroísmo cotidiano de aquellos que combaten

con tijeras, machete, cuchillo, arado, martillo, o cincel,
                                        (el hambre.
Tráeme la dignidad ofendida de los pobres;
tráeme sus padecimientos y su esperanza.
Y acuérdate, no te olvides, tráeme el último libro
de Vargas Llosa; tráeme todos los libros,
los Argüedas, los Alegrías, los Ribeyro, Bryce Echeniques,
y los libros que aún no conozco y quisiera leer.
Pero por sobre todo tráeme la voz del más grande
                                        (y el más triste,
la palabra del más denso geógrafo del dolor en esta vida:
quiero, me hace falta, la voz de César Vallejo.
Tráeme bares, restaurantes aromados de comidas,
la fiesta del despliegue de polleras y sombreros,
el carrusel ebrio del carnaval, el ritual vigilado
                                        (de las procesiones.
Tráeme periódicos con el recuento del último terremoto
inundación o cataclismo, y noticias,
para saber qué se dice por allá de mi país.

Tráeme conversaciones, reuniones familiares,
la ternura del encuentro, y el abrazo de los padres,
los abuelos, las hermanas, los amigos.
Tráeme todo el consuelo de las risas
                        (y los brindis de las celebraciones.
Ay, amor, amante!
Tráeme todo aquello que yo tanto añoro, y que en el exilio,
en la memoria aflora como un ramo de plantas olorosas,
a menta, y madreselva y cedrón.
Y porque he amado de polo a polo tu estatura,
                                        (reparto mi amor
por tu país, y mientras recoges estos encargos, verás
que es grata la tarea de complacer amantes,
y sentirás que junto a tu corazón

se enredan para siempre los colores de mis estandartes
donde resplandecen siemprevivas, nomeolvides,
claveles de amor y nupciales azucenas.

María Eugenia Bravo-Calderara

MADRID

¿Qué tendría Madrid
que te fuiste conmigo
para regresar sin mí?

Te fue la ciudad el postigo
perfecto por donde huir,
pues por ella fui testigo
(duele aun cuando lo digo)
de un infame sinvivir;
y aunque entiendo tu partir
como quien pierde su abrigo
el frío me vino a herir.

¿Era tu ocasión mentir?
¿Fue merecido el castigo?
¿No valgo más que de amigo
el silencioso crujido
de tus pasos al partir?

Cruel ausencia aquella tuya
que me resigné a aceptar,

y hoy en el salón de estar
no hay nada que la recluya
ni rincón donde se intuya
tu anciano caminar.

Pero aunque no te recuerde
jamás perseguí la suerte
de alcanzarte a olvidar.

Y cuando en mi cavilar
por infortunio he de verte,
una melodía inerte
rima ingrata algo así:

"qué tendría Madrid
que te fuiste conmigo
para regresar sin mí?"

Gerard Domínguez Reig

EL TÉ DE LAS 5 PM

Aquí nos sobra:
el buen clima,
la sonrisa de mentiras,
el Támesis y su agua lavada muy limpiecita
Agua para el té de las 5 con galletitas.

El metro siempre a tiempo
lleno de buenos ciudadanos,

variados olores, y colores
pasajeros en pijama,
sin pelo o pelos tricolor.

Los diurnos flemáticos ingleses
circunspectos y enarbolados.
Los borrachos, bonachones y asexuados
en la noche, después del Pub.

Somos pródigos en alergias,
en vecinos mudos y a veces invisibles,
pero sobre todo;
nos inventamos el Brexit.

Patricia Cardona

POEMA Nº 9
(del libro "Retazos")

Recuerdos de sudores
cuerpos enormes, caderas danzantes,
                              (senos que me envuelven
Merecumbé, me recuerdas mi tierra,
                              (donde los hombres
bailan, besan y se marchan.
Sonidos de gaitas, tambores, ensoñaciones y
la brisa de mi comarca.
Dices merecumbé y me levanta la sangre
se estremece mi vientre.

Memorias de domingos en el río
los gritos de mis hermanos
risas de niños, canciones.
Merecumbé eres mezcla de negro e indio
mezcla de sonidos y ritmos
pasiones y amores.
Merecumbé
¡Te llamo a gritos, que retumbe la hamaca!
que se recoja la cosecha
donde los amantes se esconden a regar la siembra.
Tu olor me llama, me dobla de nostalgia
los labios me piden besar tus entrañas.
Merecumbé, Merecumbé,
que me lleve el viento
de nuevo a tu encuentro.

Sonia Quintero

LA GRAN CIUDAD

Vacías las palabras,
mudos los gritos,
indiferentes miradas,
las rutinas, el hastío.
Convertidas en la nada
de esta ciudad sin alma,
sin contacto, sin cariño;
trabajando sin sentido.
Amanece cada día

igual que el día anterior:
con sus trajes, maletines,
carrera, tren y empujón.
Como corderos callados,
grises y sin pensar.
Matadero de la vida.
Alma de gran ciudad.

Karmel Almenara

MI PATRIA AMADA, COLOMBIA

¡Oh, Madre Patria amada
Plantada en el "Nuevo Mundo"
Con oscuro cielo azul en mi mente
Y fuertes lluvias, en la madrugada.

¡Oh, Madre Patria amada!
¡Que privilegiada y hermosa eres!
Con montañas verde-esmeralda
Erguidas en las alturas
Acechando la alborada.

Acercándose a las nubes densas,
Donde los cóndores cuidan de sus nidos
Como guardianes de la cordillera.
Vigilando los rugosos Andes
Y cuidando con sigilo
Como gendarmes, centinelas.

¡Oh, Madre Patria amada!
Un pedazo de tus entrañas soy yo.
Mis profundas raíces quedaron dentro.
Pero, hoy en exilio por décadas.
Y a la fuerza
Desplazada

Londres. Junio 2007
Amparo Restrepo Vélez

LOS SURCOS DE NOGOYÁ

Se extiende la llanura como mantel
Sobre la inapreciable curvatura
Cubriendo con un manto de soya verde
Los sueños de aldeas de siembra prematura

A galope de caballos invisibles
Camuflados en pieles de chapa y pintura
Navegando sobre un mar de asfalto
Se respira el sentir de la ruta
Que augura al día una sonrisa
Para conjugar en continuo con el sol
Que bañaba con sus rayos la brisa
Con la que danzan los árboles el son

Una melodía de motores y montura
De cruce de vías, de rieles sin vida
Una canción de mate y facturas
Del gaucho a galope saliente de ida.

Ese encuentro mágico en el abrazo del río
Donde los surcos claman poesía.
Ese horizonte al sur del mundo.
Porque en mi sur está la alegría.

A medio camino del olvido (perpetuo)
En el cruce del tiempo perdido (por años)
Encontré sus ojos marchitos y secos
De sollozos, llantos y vacíos quebrantos.

Un iris azul valía como lumbrera
Alumbrando cuanto pasa por su paso
Dibuja risas y trozos de primavera
La inocente vejez que no haya ocaso

Guarda el reflejo de los besos robados
Los que se dejan al borde del precipicio
Ese limbo de labios ahora arrugados
Esos labios que a muchos fueron prohibidos

Sonríen por el recuerdo de lo pasado
Admiran aquello no conocido
Guardan los murmullos susurrados
Para no enviar el recuerdo al olvido.

Ojalá todos fueran tuertos y soñadores
Ojalá nuestros corazones guiaran el camino
El lazarillo que dibuja un mundo sin temores
Donde reina el amor, y gobierna el olvido.

Si el ver fuera cosa de cupido y su corte
Pensaba ella,
Perdiendo ambos ojos, la vista no habría perdido.
Allí donde no hay luz se iluminarían los colores

Los mismos que en Nogoyá se han prendido.
En los surcos de esperanza de una cieguita
Que sin ojo y cicatriz ceniza me había sonreído.

A lomos de un caballo de aluminio, caucho y acero
En la ruta nos devolvimos
Después de haber visto la cara de la esperanza
Por un momento quisimos
Dejar el mundo de los que ven, porque no vemos
Y hacernos de la corte de Cupido.
De esos que cierran los ojos y abren el alma
Y que ella dibuje el mundo vivido.

Isaac Suárez

ME ABANDONA MI PATRIA

Me abandona mi patria cuando insiste
en su andar torpe y patizambo
por caminos de sendero oscuro y triste
empeñada en poner vallas al campo.
¿Cómo ha de ser libertad el emblema de tu mando
si te encierras en ti para negar lo que viste
o lo que en ti andan mirando?
Me abandona mi patria cuando observa
a hijos como yo marchar cabizbaja y resignada,
dimitió de retener luchando a capa y espada
un pedazo de su ser, renuncia que así me enerva:
de tierra regada en sal no ha de crecer jamás nada,
madre que quisiste ser antes Cronos que Minerva.

Me abandona mi patria cuando no entiende
que es hijo aquel también que ostenta posesión vana:
¿cómo te has de llamar nación de raíz cristiana
si el llanto de otro color tu oído no lo comprende?
Que tal vez pueda ser yo el que su cuerpo malvende
en tierra de igual bondad, pues la toma quien la paga.
Me abandona mi patria cuando confunde
la fruta yerma con la que grana.

Gerard Domínguez Reig

MY MUM' HORSES

To Jessica, my grand daughter

I see the stable, where my mum's horses are
One hundred meters from my window sill
Waiting to be fed
Flakes of snow are dropping fast
Grass and pavement covered in ice.
Feeding the horses snowing, raining or shine
Because I love them so much
They were so young, elegant, pretty and agile
Galloping as light as feathers in the wind
Showing stamina and determination to win.

London, 17 February 2019
Amparo Restrepo-Vélez

MI CASA

Vivo en una casa
con el tejado en ruinas,
la fachada quebrada,
las baldosas roídas.
Las ventanas de mi casa
han perdido los cristales
y el llamador de la puerta,
a veces no abre ni con llave.
Pero en el interior
siempre hay un plato en la mesa,
y un sillón de descansar,
y una cama, por si sueñas.
Pero dentro de mi casa
se escucha y se comprende,
se da cobijo al cansado
y lumbre cuando el frío muerde.
Tengo una casa quebrada
donde vivo cada día
y, aunque no sea muy bella,
el alma descansa tranquila.

Karmel Almenara

MI CARRO ROJO

Cuando niño caminaba entre la hierba,
con mi amigo imaginario.
Juntos en forma sorpresiva,
encontramos un carro rojo escondido
detrás de las piedras del camino.
Lo recogimos cautelosa y rápidamente,
lo guardamos dentro del maletín,
donde llevamos los libros de la escuela.
Todos los días y en las noches
paseábamos, jugábamos con aquel carro rojo imaginario.
Un día resolví salir solo con
                         (el carro rojo de madera imaginario,
sin la compañía de mi amigo imaginario,
al caminar por las calles nadie me miraba,
las chicas ignoraban mi presencia,
orgulloso de tener mi carro rojo imaginario.
Regresé a casa y por esa razón decidí pintar mí carro rojo,
de un color azul marino trasparente.
Al otro día, salí nuevamente a recorrer las calles.
Y montones de hermosas niñas imaginarias,
Deseaban pasear conmigo por la vía láctea,
rumbo a las constelaciones.
Años después, vi mi carro rojo de madera imaginario,
perdido entre los anaqueles del baúl de los recuerdos,
que aún están en mi memoria.
Imagino ahora cómo sería viajar por las calles
                         (con aquel carro rojo,
pintado de color marino trasparente,
por ese infinito mundo de los sueños,
                         (con mi amigo imaginario.

Palmacera Suárez

SONETO A LA CHANCLA

Te agradezco santa tus caricias
pues yo sé que por mi bien te afliges,
que tu gran fuerza me teledriges
cuando actúo con dolo o con malicia

Vivo con paz, amor y con justicia
porque tú, respeto y bondad exiges.
Para mí un mundo mejor eriges.
Con tu ley, la civilidad inicia.

De mi abuela fuiste compañera,
de mi madre eres fiel amiga,
tu poder en mis raíces reverbera.

Pido a dios que siempre te bendiga
¡Oh chancla bella y justiciera!
Con tu tino justo, de primera

Claudia Lozano González

LOS SENDEROS DE POLVO LA VIERON CRECER

A todas las mujeres de mi
familia y todas las mujeres de la época

Benita peinaba sus cabellos blancos
mojando el peine en agua pura recogida en el caño.
No se miraba al espejo,

sus ojos no reconocían su rostro.
El sol le quemó la piel marchitándole el alma,
en cada arruga de su cara la vida le dejó recuerdos.
Me contaba mi abuela historias,
sentadas en el escaño
junto a la lumbre,
                          vestida siempre de negro.

Eran otros tiempos,
trabajando tras el ganado
mi familia fue trashumante.
Los senderos de polvo la vieron crecer
(sin más pasión que vivir el día a día)
De Castilla a Extremadura,
de Extremadura a Castilla,
los campos de Cáceres, cálidos en invierno
Salamanca congela la sangre,
a la noche la acompaña el hielo.

Siempre conservó como su mejor tesoro
el vaso en el que dio de beber agua Alfonso XIII
a su paso por las Hurdes,
ella tenía ocho años.
Vivió la guerra, le siguió la posguerra de hambre,
miseria.
A nadie deseo el sufrimiento de ver irse la vida
por no tener medicamentos,
                                    alimentos
contaba mi abuela con los ojos llenos de lágrimas.
Sentadas a la puerta de casa
las mujeres vestidas de luto perpetuo,
con rosario hecho de calaveras entre los dedos
se les secaron los ojos de llorar tantos muertos.
Las abuelas del pueblo enviaban plegarias al cielo,

el cielo mandaba plagas de insectos
a comer el poco trigo cosechado.
Ocultaban las penas en sus pañuelos gritando:
si hay dios que baje,
viva en casa un año
si sobrevive,
que vuelva a su cielo.
Clama la supervivencia;
                            piedad para el campesino,
la tierra está regada de sangre,
la necesidad de hoy es la misma de mañana,
el trabajo de hoy continuará mañana.
Nadie se acuerda de las gentes del campo.
La pobreza es una vereda de cardos
no dejando crecer las flores del camino.
De hambre,
           enfermedad,
                    fusilamientos
se moría en España.

Me contaba mi abuela historias,
sentadas en el escaño
junto a la lumbre,
                       vestida siempre de negro.

Marijo Alba

VUELA COMO LAS MARIPOSAS

Qué le voy a decir a la niña
Al saber que tu extenuado cuerpo
Decae a cada minuto
Y se te agotan las fuerzas

No quiero mentirle
Intentaré decir
Que en tu despedida
Volarás como las mariposas

La vida nos regaló momentos inolvidables
Llenos de amor
Mamá; llenos de amor

Una tarde al caer el sol
Te envolviste en tu capullo
Te transformaste en un ser lleno de
Pura belleza
Te vestiste de un colorido traje
Para volar al infinito
En donde te espera Dios
Nuestro Dios

Nos dejaste los más bellos recuerdos
Pues en tu nieta aún queda en vida
Tu inolvidable sonrisa

Tanto se parece a ti
Mamá, tanto!

Al revolotear tus alas
Te posarás en las flores que más te gustaban

Esas mismas que
Tu nieta te obsequiaba

Subirás muy cerquita del sol
Sin que te haga daño

Jamás te olvidaremos, mamá
Y cuando tu nieta pregunte
Le diré, que

Vuelas como las mariposas

Fabián Álvarez

ADIÓS

Adiós mi querida amiga,
adiós con el corazón.
Me marcho ya sin retorno,
me echan, no me voy yo.
Siempre soñar con tu abrazo
me estaba sentando mal,
la nostalgia me pesaba
como losa en funeral.
Mas la esperanza, traidora,
siempre dispuesta a volver,
no se marcha de mi alma,

me lleva cual fiel corcel
a llorarte y desearte
aunque ya no pueda ser.
¡Algún día volveré!

Karmel Almenara

A ELLA

A la mujer valiente
Dedico hoy mis más inspirados versos

A ella
A la mujer robusta
Elegante en su esencia
Cuando vestía de sombrero
Y colores clásicos

A ella
A la mujer aguerrida
Señora de muchas batallas
En desgastantes lavaderos
Destrozó sus manos
Para traernos el pan a casa

A ella
A la mujer misericordiosa
Llena de bondad, no lo pensó dos veces
Para llevar a su regazo al niño

A ella
A la mujer inteligente
Maestra de los días de mi niñez
El pizarrón y los colores de mis primeros años

A ella
A la mujer sufrida
Defendió su causa, defendió su cría
Como una leona que jamás retrocede

El gallinero lleno de las más
Gigantescas gallinas

Sus platos únicas recetas

Su mano fuerte para darnos
Una crianza digna

En tiempos de escasez
Como en tiempos de abundancia
Tesorera eficaz

Su piedad fue tan grande
Que acobijó a sus padres
Y les cumplió hasta el día de su
Sepultura

Hombros bien puestos
De poco sonreír
Pero de corazón enorme

Caminatas largas por las fincas
Del Bolo

Tantos recuerdos
Mosquitos que perturbaban
Cuando tomábamos
Una taza de café

El abuelo y el humo de su tabaco
Cavilaban las historias del ayer
Momentos que guardo
En las entrañas de mi alma

Noches de miedo
Para buscar esos brazos
En los que me dormí tan confiado
Mi fiel protectora

A ella
La de los abrazos tan grandes
Nunca me pude escapar
De tanto amor

A ella
Que ya no está

A la gran mujer
Que una vez tomó el lugar
De madre

A ella mi prosa más sentida
A mi mamá
Mis más sentidos versos

Fabián Álvarez

PADRE ES SOLO UNA SEÑAL SOBRE LA FRENTE

¿Sabe acaso alguien cómo fueron los sueños de su padre?
¿Imaginó deseos, escaleras de coral en el desierto,
remotos pasadizos a la vida? ¿Se ocupó alguien de ello?

Porque allí también hubo de haber vientos alisios,
                                        (resplandores cautos,
o el concentrado rumor que acompaña
                                        (a toda adolescencia,
vetas de mineral ardiente soldadas en invierno,
pasiones veladas a la infatigada vigilancia materna.
¿Quién no ha plantado su bandera alguna vez
                                (en un campo en llamas?
¿Quién no se ha creído alguna vez un pájaro de fuego?
¿Quién no ha querido ser algo más
                                (que una mano que trabaja?

Pero tú no lo supiste,
y aún más:
nunca quisiste saberlo.

Es cierto que buscaste penetrar la fronda de las eras,
dominar el desfiladero que comunica
                                (los valles tenebrosos,
abrir a la luz del amanecer
los antiguos santuarios de civilizaciones olvidadas
y el olvido del ser y los puntos de fuga
y los dispositivos maquínicos
y las astucias de la razón que produce monstruos
(y demás inacabables etcéteras y etcéteras).
Pero ¿los sueños de quien te dio la vida?
¿Cuándo te importaron?

Hoy he vuelto a mirarlo: no es el de entonces.
Con los años, su rostro se descompone en la distancia
y de pronto he creído vislumbrar un ramalazo
de lo que su máscara de padre escondió un día
                                        (y para siempre:
uno no lo sabe, pero ser padre es una hoguera
que condena a ser ceniza consumida por el aire.

Enrique D. Zattara

Tenemos que aprender a vivir
como el clavel del aire

(JUAN GELMAN)

VIAJERO PERPETUO

Errante en mi infancia,
viajero intermitente entre las sombras,
vivía con todos y con nadie al mismo tiempo,
llegaba con el sol y salía con la luna muchas veces,
esa dualidad de nómada me convertía en
                              (un eterno huésped transitorio,
aventurero de silencios nocturnos.
Libélulas, grillos y mariposas, conspiran
                                   (con las luciérnagas
para iluminar el camino de los sueños.
De encuentros y desencuentros era mi equipaje,
juntos eternos compañeros errantes de las constelaciones.
Viajeros del anochecer y del alba.
Solitarios entre la luna y el sol.
Como una estrella fugaz, aparecía un viaje intempestivo.
En esa huida se quedaban los afectos y
                                   (las promesas vividas.
Vuelven las mariposas y las libélulas a mi memoria.
Que la nostalgia y el abandono no les corte las alas,
yo seguiré siendo un viajero perpetuo entre las sombras.

Palmacera Suárez

EMIGRAR

Se cruza el océano, las fronteras de la matria,
se deja atrás el manto que se había hilado.

Nace la incertidumbre

la melancolía se instala,
el desprendimiento del pasado lacera,
el instinto de sobrevivencia se agudiza.

Los puentes del idioma se construyen,
los pequeños logros fortalecen a diario,
los hermanos y hermanas elegidas llenan vacíos.

Una savia diferente alimenta el árbol,
se pierde el miedo a volar en cielos nuevos,
se reinicia la tarea de hilar el manto de la vida,
con hilos y diseños mixtos.

Y el ser híbrido comienza a amarse.

Claudia Lozano González

POEM 18
(del libro "Words are not enough")

I came from a tree
old as the wind;
My blood is like yours,
we share the same moon.

My granddad was a poet who sang
every morning - the same sad songs;
My grandma took flowers and plants from her garden
to make medicine to heal souls.

I came from a river
strong like my roots;
My bones are like yours,
we share the same sun.

I came from a mountain
high as my wings;
My breath is like yours,
we share the same wind.

Sonia Quintero

ANIMAL DOMÉSTICO*

Me acerqué a la casilla del oficial de inmigración en Heath-
row. Portaba lo que en términos de inmigración es un irre-
dimible pecado original, un pasaporte colombiano. Armado
con el único inglés a mi disposición me acerqué con cara
mansa y dispuesto a ladrar bajito mis respuestas.

> - ¿Cuál es el motivo de su visita?
> - *I gotta roll, can't stand still, got a flaming heart,
> can get my fill.*
> - ¿Perdón? — dijo mirándome por encima de sus
> gafas.
> - *Ah, ah, ah, ah / ah, ah, ah, ah / ah, ah, ah, aahhh...*
> - Le pido me perdone pero, ¿me puede decir qué

medios económicos tiene para subsistir durante su estadía?

- It won't be long before I find out what people mean by down and out.

- Pero, ¿cuál es el propósito específico de su visita?

- To spend my money and drive a car and start telling friends I'm gonna be star.

- Y, ¿cómo va a hacer eso?

- I don't know but I've been told a big–legged woman ain't got no soul.

- ¿Está usted referiéndose a su Majestad Elizabeth?

- Oh, oh child, way you shake that

thing, gonna make you burn, gonna make you sting.

- Soy de la misma opinión, Lizzy no estaba nada fea cuando joven y se viene a casar con ese griego lenguaraz, ¿no cree?

- Hey, baby. Oh baby, pretty baby, do me like you do me now.

- Cualquier persona que hable con tal entusiasmo de la cabeza de nuestra iglesia anglicana lo más seguro es que termine pagando impuestos. Aquí tiene su visa.

- Ah yeah, ah yeah, ah, ah, ah, aahh!!

* N. del E.: Nótese que todas las respuestas son versos de Black Dog, tema de Led Zeppelin...

Juan Toledo

UNA LENGUA EXTRANJERA

¿Por qué vivir en el extranjero?
¿Para entender una nueva cultura?
¿Hablar un segundo idioma?
¿Para escapar de la vida?

Viví en el extranjero durante unos años
como profesora de inglés.
Descubrí que un lenguaje podía jugar dos papeles
simultáneamente opuestos :
como liberador, como máscara.

En otro idioma puedes empezar de nuevo
porque nadie te conoce,
nadie sabe tu historia,
nadie sabe tus errores,
nadie conoce tu voz.
Tú eres nueva

Esta libertad llena mi corazón,
me permite respirar otra vez,
me da esperanza

Pero también me avergüenzo.
En otra lengua, ¿quién soy yo?
¿Estoy siendo yo misma?
¿O estoy usando una máscara?

¿De qué tengo miedo?
¿Qué estoy escondiendo?

Cuando hablo otra lengua
me caigo entre las líneas de yo

y quien quiero ser

Hablando una lengua extranjera
doy pequeños pasos hacia mí misma

Karina Pearl Thorne

ÉXODO DE LA GUERRA

El éxodo de la guerra
No es un éxodo libertario.
Porque no mitiga el dolor
Ni detiene las lágrimas derramadas.
Es un largo y tortuoso caminar
Desde tiempo milenario.

El éxodo de la guerra
Es despojo de esperanza y alegría
De sueños y anhelos truncos
Dejados en la lejanía.

Es salir a pasos agigantados
Arriesgando sosiego y calma,
Es recorrer un destierro lejano
Con un enorme peso en el alma.

Es dejar el terruño abandonado
Y sus querencias
Sin poder mirar atrás.
Es escapar de un torrencial aguacero

Que nunca vuelve a escampar.

El éxodo de la guerra.
Es vida de incertidumbre
De una muchedumbre
Que no va caminando
Hacia una tierra prometida

Londres, 12 de abril de 2017
Amparo Restrepo Vélez

A LONDRES

Vivir entre tus calles, tus monumentos, bajo tu cielo
es vivir en el eterno paraíso de la cultura y el progreso
es la paradoja de la calma que lleva al disturbio
a la mente que se agita y se sacude en las sombras
                                    (de lo inesperado
es llevar a flor de piel la discordia de gustar
                                    (del lujo y la opulencia
a sabiendas de que existe el hambre, el frio, la tristeza.
Llegué a ti, rendida de una lucha desenfrenada
que cortaba mis alas y mis ansias de vuelo
llegué una tarde de Julio, entre la brisa cálida
                                    (de un verano sereno
y la tormenta de dudas y miedos
Poco a poco me fui acomodando en tu vientre
y me parí de nuevo bajo tu cielo
y bebí de los caudales de tu historia y de tu gente
me dejé seducir con tus artimañas
                                    (de amante experimentado

me entregué a ti y me abracé a tu juego
y desde entonces amo tus aciertos y sufro tus desvaríos
y hago míos tus Beatles y tus regios aposentos
¡Oh Londres! que recogiste mi quebrantada esperanza
acunaste mi juventud y mis sueños
dejaste que me fundiera en tus andares y tus tiempos
me salvaste de la crudeza de otros lares y otros pueblos
Sin preguntar nada, me diste y recogiste lo que yo te daba
me aceptaste toda entera, con pasado,
                                        (sin futuro y toda presente
No ha sido fácil, pero ha sido grato
vivir entre tus calles, tus monumentos, entre tu gente.

Bárbara L. López Cardona

DESCIFRAR

Acero retorcido entre palabras.
Tiempo mudo,
equipaje lleno de piedras.
Nómada entre los días,
prisionero del tiempo que se agota en el reloj de arena,
estatua de viento que se refleja en la tiniebla.
Vacío está el silencio.
Un arrecife se derrite lentamente en el abismo.
Aun así, no alcanzo a descifrar
el rastro que se desvanece en mi memoria.

Palmacera Suárez (Colombia)

MUJER DIÁSPORA COLOMBIANA EN UK

Para mis amigas de la Diáspora Colombiana

Mujer Diáspora es... una flor
De pétalos esparcidos.

Una gaviota que cruzó fronteras,
Montañas, mares y ríos,
Arribando a un puerto lejano,
Frío y desconocido.

Mujer Diáspora es...
Una veleta que con el viento escapó
Envuelta en un torbellino.

Es un haz de luz radiante
Con un abrazo o un consuelo
Cuando las palabras se atragantan
Porque hay lágrimas
derramando sobre el suelo.

Tristezas mitigadas
Con risas y carcajadas.
Con un corazón generoso sin medida
Ayudando con amor
A cerrar esas heridas.

Mujer Diáspora es...
El horizonte que en la lejanía
Se acerca al firmamento
Para descolgar estrellas y
entregarlas en acto de cumplimiento.

Mujer Diáspora es...

La irrigación de la esperanza,
La semilla sembrada en tierra arada
Y germinando por doquier
con la Paz tan anhelada

Londres, 15 de abril 2019
Amparo Restrepo Vélez (Colombia)

UNWANTED ATTENTION

I want to lay in the sun
He calls me *Hinglish*
I want to swim in the sea
He says *Why ya cyan say 'ello?*
I want to play in the sand
He says *Soh ya tink ya too nice?*

I'm hungry
So I order food
He tries to get my attention
(I ignore him)
He says *Why ya look at me soh?*
(I'm not)
He says: *Soh ya cyan speak cos ya eating?*
(We both kiss teeth)

And I question myself: is it something I did?
And I doubt myself: did I walk or talk a certain way?
And I berate myself: please be more polite!

I'm on holiday
But it feels like work
I'm working hard to understand
If I can go around and be me
Or if I am here
To placate every man's ego

Karina Pearl Thorne

MI PRIMO ERA UN GIGANTE VESTIDO DE BLANCO

¿No existe acaso -en la noche silenciosa-
un agujero azul por donde comienzan los caminos
                                    (hacia el mundo?
Sueño más alto aun que todo lo que se ha escrito:
ver el mar allende las colinas
y un arrebujo de nieve en la cima de los picos solitarios.

Así es como empieza la fiebre:
pensamos en conocer lugares
con extraños nombres como Ekland o Miranao.
Sitios como los rincones más secretos
del cuerpo de una mujer que amamos
con el furor del amor que solo guarda un hombre joven.

Pueblos pequeños encalados como gemas blancas
                                    (en los cerros;
mares inmensos que agotan los más rudos corazones;

auroras amarillas suspendidas en la quietud
                              (de una laguna;
noches de lujuria y alcohol al pie de rascacielos:
¿qué hay en el mundo que no esté ya en nuestros sueños?

Pero no basta:
somos héroes antiguos necesitados de aventura,
vestigios de algún nómade pasado,
argonautas eternamente insatisfechos.
Un atardecer subimos en silencio a un tren
                              (sin pasaje de retorno
y el presente nos devela apenas detenidos,
pasajeros en estaciones donde
esperamos sólo algún cambio de vías.

Enrique D. Zattara

Oí cantar mi sangre encarcelada

(OCTAVIO PAZ)

•

LA OBLICUA LUZ DE LA TARDE

A pesar de estar divido en varios poemas, este texto de Xaviera Ringeling es un conjunto unitario y por tanto se publica de esa manera. En 2019 fue galardonado con el XXXII premio Voces Nuevas de la Editorial española Ediciones Torremozas. Cuatro de los poemas incluidos fueron publicados en el libro "XXXII Selección Voces Nuevas" por la misma editorial.

DLR[1]

este tren celeste flota entre los monolitos
de la antropócena y los huecos
en los que se acumulan los banqueros

como abejas en panales azules verticales

este tren celeste flota a través de un horizonte
de gordas nubes maduras
y yo voy pensando en el caballo de Rojas

en el galope en la sangre de Rojas

voy pensando en el silencio entre golpe y golpe
ese ritmo-espíritu de aire y agua
ese tambor interno lejano

kilómetros kilómetros entre las costillas

---

[1] Poema publicado por primera vez en "XXXII Selección Voces nuevas", Ediciones Torremozas, Madrid, España, Mayo 2019.

este tren celeste flota
y yo me sostengo al filo de una posible tormenta
mientras en el cielo reñido: precipicio y pausa

queda pendiente la promesa

cuando
el insecto dorado que habita mi caja torácica extiende sus
alas
---

podría amar la mugre
que acumula la gente
debajo de sus zapatos

podría

–en este tren–

besar
a cada uno
de los pasajeros sobre la
frente

corona de estrellas

soluble soluble el momento

paciencia Antonieta

antes: el tiempo

**a menudo mi espíritu desborda la contención precaria
(de mi cuerpo**

entonces el tambor de mi tórax nutre los muros
(con su oscilación honda

ando dejando poemas olvidados en salas de reuniones

desparramando libros y papeles por el tren

y podría correr hasta que mis piernas devengan aladas

y podría bailar contigo   quién quiera que seas

a la intemperie bailaría contigo

hasta la primera luz y hasta la última

podemos:
experimentar el manantial de una duda
hecha hada

Alef en un sótano cualquiera

podemos:
acceder al amor universal

sordos de Elle

podríamos sólo rodar la piedra
llenarnos las rodillas de escaras podríamos

suma
simple suma y resta

suma sin música de fondo
suma sin elegía en la grieta

recuerdo:
Pangea
fusión y fuga
Madre
lo que perdura
es fuego y furia
Raíces

lo que perdura
vertiginoso en la cima de sí es
Cambio

soslaya y sosegada

la melancolía remota de mi tarde

baldía y llena

llena del follaje

días atados a su fin
en que la luz se quiebra continuamente

el sol distante –lateral–
 apenas si saluda a lo lejos y abandona la escena

invisibles mariposas en el viento
besan mi piel con húmedas premoniciones

en el noreste rosa algodón de tempestad
precipita su paso sobre el mío

nos encontramos en el jardín
de los rosales podados

La oblicua luz de la tarde[2]

que me sumergiese yo
en el más puro calipso

contra el cual la escuálida desnudez
de los árboles sobreviene oscura y quieta

y fuera así perdiendo la conciencia
para ganar otra más pura

aquella conciencia
de la oblicua luz de la tarde

que me dice eres
y dejas de ser a cada instante

que caminase yo
en completo silencio por el parque

me detuviese sigilosa
ante la visita inesperada de la luna por el este

que me sostuviese a su luz
en duelo de miradas

para escabullirme de pronto rauda por los arbustos
que preceden el muro húmedo del límite oriente

que me quedase
allí en lo oscuro

---

[2] Poema publicado por primera vez en "XXXII Selección Voces nuevas", Ediciones Torremozas, Madrid, España, Mayo 2019.

y que de la tierra y los palos
me hiciese yo una guarida

alas[3]

hay alas

y

un haz de luz en esto
que pasa y anochece en sí

mis pulmones se llenan del amor inconsciente de los
asteroides
que se estrellan en silencio contra la superficie de la luna

siento el vacío líquido
entre los electrones

es demasiado
es todo
es suficiente

silencio

pálpito

silencio

[3] Poema publicado por primera vez en "XXXII Selección Voces nuevas", Ediciones Torremozas, Madrid, España, Mayo 2019.

en el marco[4]

aeronave

su rumor de velocidad distante

cercana en su abismo de metal y carne

y el leve tintineo de las luces rojas
amarillas en el humor de una noche cálida

demasiado cálida para Londres

todas mis ventanas son la misma que ésta
en su instante de oscuridad interrumpida

luna urbe o tráfico

todos mis días me atraviesan
ahora

en el marco: espíritu

todo tiempo es tiempo presente

Xaviera Ringeling

---

[4] Poema publicado por primera vez en "XXXII Selección Voces nuevas", Ediciones Torremozas, Madrid, España, Mayo 2019.

FATIGA

Retroceder distante
en silencio
hasta que el universo congregue su causa mortal

Una aglutinación confusa de cosas
renombrar
habitar
conquistar el silencio interior

Decir sin creer
repetir
inundar
y dejar atrás

Cansarse
hasta gastarse de todo
de todos

No entender
los sonidos de cada lenguaje
o los ojos de los que se nos han cruzado alguna vez
alguna vez

Estar
es irse
o escaparse
jamás lo mismo que perderse

La aguja brota redonda ante el tiempo y su sugestión
nada puede ser ya contado
engranado
mirado

pensado
pero hay fatiga en las cosas
y esa fatiga remueve las cosas de sus espacios

O cuando a veces no se está ni para ser libre
ni para luchar contra esa libertad

Y si yo enciendo la tierra y la culmino en un gesto solar
donde todo lo que pertenece ya no se amarra a su forma
y en donde todo lo que habita
se vuelve lo mismo que el interior de esta angustia…

Pensar que no hay paisajes para recorrer
cuando los hay todos
cuando la punta de la lengua es similar al mapa
                (porque dibuja con sonidos sílabas ancianas
y sueña que se mueve
de pronto y sin velocidad
hasta la cumbre misma de la mitad del planeta

Aterra pensar qué grande es lo que no hemos visto
lo que no hemos imaginado
lo que no nos han contado

Mirar, entonces, mirar
dejar la mirada constante así perdida
así perdida
con silencio y furia y una media sonrisa
después de saber que no hay ningún otro
                                (lugar que habitar.

Ana María Reyes

YO SOY

Soy viento, espuma
sol, luna, arcilla.
Soy agua, fuego
espiga, tierra, cielo.
Soy todo lo que yo quiera ser,
soy todo lo que quieras ver.

Marijo Alba

ZENO

De mi destino prefigurado
conozco bien la ruta.
Pero caminando en esta larga y oscura calle
desconozco como responder a las vicisitudes
de medio camino.
¿Qué responderle al callado viento de la noche?
Y antes que él
¿al follaje bañado en luna?
y aún antes
¿al eco de mis propios pasos?
quienes a cada instante me preguntan
¿por qué? ¿por qué? ¿por qué?

Juan Toledo

GUAYACÁN

De pie, sin hojas, firme entre los árboles;
moría lentamente el guayacán del parque.
Los dos fuimos testigos de una vida pasajera,
entre cada tallo y hojas se tejieron tiempos de frío y sol.
Nos aferramos a la tierra, donde caeremos tendidos
                                        (tu y yo guayacán
de los recuerdos.

Palmacera Suárez

NECESIDAD

Odio blanco
odio puro
odio catártico
odio vitálico
odio de hombres
odio de siglos
odio de paz
odio de odios
odio a tu amor
Y amor a tu odio.

Juan Toledo

AUTORRETRATO DEL POETA SIN PIANO

pero casi siempre se toca para los borrachos,
para la noche, para la manera con que uno se
juzga y se perdona, para todo lo que queda
no sin cantar, sino sin grabar.
William Mathews

Yo hubiese querido ser pianista.
Fui, en cambio,
viajador incesante, idólatra de pasiones inmediatas,
teórico y poeta del fracaso,
empedernido padre.
Saben ustedes sin embargo el placer de dejarse ir
                                                              (sobre un teclado,
pero no como quien muere sino, al contrario,
como quién se entrega?
Quien se entrega aún sordo y puede oír
                                            (las vibraciones de sí mismo?

Es como estar en la calle solo -a las tres de la mañana-
y hallar un cuerpo de mujer dispuesto a darse,
no por paga ninguna, y sin tal vez amor tampoco,
por la mera solidaridad de los que van solos por la vida
Han sentido en las sienes el plañir de una cuerda
                                                              (sin sordina?

El mar en su lento bamboleo
se ha llevado paisajes con tenues figuras que evanescen,
el mar,
como resaca de algas muertas que lame un perro solitario
apenas devuelve recuerdos de cosas que quizás no fueron.
Y dónde están aquellas ganas de partir el mundo
hasta sacarle el último jugo, hasta encontrar
                                            (la semilla más oculta?

Siempre tienes a la mano un retorno,
eso se sabe:
fugar como Gauguin hacia un horizonte impreciso;
pero también está Gauguin a la mano
                              (para la frase remanida
y de tanto ejemplo ya no sirve para nada,
sólo unos cuadros coloridos para el exótico gusto
                              (de coleccionistas millonarios.
Y de lo que se trata, no sé si entienden,
es simplemente de tocar el piano,
sin otra pretensión, sin éxito a la vista,
el perfecto placer de lo que no sirve para nada.

Cuando voy por allí y me miro en los espejos,
en los cristales opacos de los coches,
veo la imagen de un poeta sin piano,
la caricatura de alguien que ha sido de todo
                              (menos lo que quiso.
Pero es triste mendigar por sucedáneos,
y aunque las palabras hayan aprendido música
                              (en mis manos
nunca me sueño escribiendo,
y en los sueños los teclados me persiguen.

Por qué entonces he sido lo que he sido
y no pianista? Alguien lo sabe?
Yo podría esbozar una vanidad de teorías,
podría discurrir por amores encontrados
y rescatar de mi vida ciertas explosiones no tan vanas.
En verdad, lo único que cabe es preguntarse:
cuál fue el momento en que empecé a no serlo?
Vaya pregunta: como querer asir la luna
                              (en el fondo de un aljibe.

Nel mezzo del camin, a fin de cuentas,
debo reconocer que no soy único tampoco en esto:
algo de lo que quise ser fue estrangulado por la vida.
Pero qué es la vida sino lo que nos falta,
resaca del mar que lame en la playa aquel perro solitario?

Enrique D. Zattara

SIN RUMBO

A pesar del tiempo y la distancia
nuestro ser se acomoda a los colores del atardecer
al recuerdo de nuestra infancia
aquellos colores que pintaron nuestros días,
ese rojo caliente con olor a sangre,
el frio azul que emana el agua,
al verde húmedo de la pradera,
nuestro cuerpo extraña la calidez del abrazo
de los cómplices amigos del juego y la picardía
Es así nuestro ser, camina arrastrando cadenas
Se libera de unas y otras vuelve a coger.
Entre angustias y tristezas
Caminamos medio perdidos
En un sin fin de propuestas,
en ofertas de felicidad y de esperanza
Cogemos valor y nos aventamos
Así con el tiempo vamos conociendo nuestros males,
Vamos decidiendo a donde acercarnos
Nos vamos arrimando a la orilla de nuestros sentimientos
Y de repente ya no duele tanto la lejanía

Un día despertamos y reímos de nuevo
Deseamos seguir conociéndonos
Por eso hoy estamos agobiados
Porque aun no hemos tocado nuestro interior
Porque aun no reconocemos nuestra fuerza
Todavía no hemos aprendido a mantener la nota
Y nuestro canto se destempla,
Aún no hemos despertado nuestro trino
No hemos encontrado nuestra voz,
Quizás nunca despertemos, quizás nunca afinaremos
Pero que no se diga que no lo hemos intentado
Que no hemos sacudido las alas con intención de volar
Que no se diga que no hemos tocado corazones
Y que no hemos saboreado lo agrio y lo dulce
Y despertado en medio de la noche
Con el alma aterrada y el cuerpo destemplado
Queriendo borrar mil cosas e intentar otras nuevas
con la intensidad del deseo desbordando
y la frialdad de la razón opinando.
Que no se diga que nuestro peregrinaje fue en vano
Que al momento del retorno ya no hay espacio
                                        (para nosotros
Que no se diga que no amamos suficiente,
¡Que nuestra risa fue sombría!
¡que no se diga nada!
Que nadie ha caminado con nuestros doloridos pies,
Que nadie ha saboreado la sal de nuestro plato,
Que nadie ha conocido nuestra imagen estática
                                        (de la ilusión.
Así a pesar del tiempo y la distancia
Nuestro vagar nos lleva a retomar
                        (la historia que no terminamos.

Bárbara L. Lopez Cardona

LLENARNOS DE VERDE

Llenar de verde la mirada,
llenarla de esa savia que sustenta los manglares,
y de esa agua florida y festiva, que desciende en arroyito
al ir decantando la montaña
Llenarnos de verde y vida como los pantanos
y en los párpados del fresco que esconde la alameda
y del brillo clorofila que el sol filtra tras las hojas.
Llenarnos de visiones como un monte muy bonito
y sus criaturas verdes,
y del verde, verde de esos ojos ya marinos ya letales...
Llenarnos las manos del ocre de la tierra,
para fabular entre las uñas lo que somos...
ese barro donde entre las verdes ramas
que le brotan al planeta
igual se posan aves del paraíso que el viento de los valles
Llenarse de ese verde fabuloso,
dejar que la vista se sumerja,
ver con ojos propios la sangre clorofila
de la selva intensa;
ser parte de ese verde aún superviviente
de la madre tierra;
dejarnos ir, visitar charcos y humedales,
despertar, hundir nuestra ceguera
entre guaduales y bambúes.
Embriagar de verde los sentidos,
como el jazmín perfuma del sereno los nocturnos;
embadurnarnos de sábila y mandrágora,
de anís y yerbabuena;
apasionarnos de alboradas, de flora y de fauna,
ir descalzos por el mundo,
y sentir la yerba fresca acariciándonos los miedos,

los callos y los dedos
Vestirnos de floridas necesidades,
como anfibios y mamíferos
henchirnos de verdes suspiros,
como oxígeno imprescindible es al agua.
Llenarnos de florecillas los cabellos,
la curva de la oreja y la mueca de la fatiga
llevar tréboles en los bolsillos para los días difíciles,
Tocar el musgo con las yemas y adentrarse
en el brillo del rocío,
como las criaturas que fuimos, y aún somos.
Hablarle a la Madre Selva,
con devoción y cariño como a la Mama,
y a las piedras para oír contar-cantar el rio
como criaturas que llevan su nahual alerta,
despiertos y vivos instintivamente verdes.

Jorge Naranjo

POST-NATAL

Milk pendulums swing heavy across my chest
Darkness encircles my eyes
Swollen feet throb to the beat of sporadic cries
From the little one

Whose eyes are closed
Whose cheeks are round
Whose smile is contagious

But infrequent showers
Little food
No sleep
Trap me in my mind

And when I look in the mirror, nobody's there
And when I speak, no sound is heard
And when I cry, nothing changes

Suddenly, I realise there is no key to isolation
Because there is no door
Suddenly, I realise I am not alone
Because I made her

I am her
And she is me
Only together will we make it through

Karina Pearl Thorne

POEMA Nº 1
(del libro "Retazos")

No temas,
los fantasmas se quedan en los lugares que conocen,
no temas,
si caminas rápido, si corres un poco
ya verás cómo temerosos no te siguen.
Se quedan enredados entre las puertas que se cierran,
atrapados en las ventanas,

no vuelan con la brisa, ni se enredan entre los árboles.

Solo ten cuidado al empacar tus cosas,
a veces ellos se esconden entre los libros viejos,
a veces entre tu equipaje, en medio de cartas sin leer.
Y cuando en un lugar nuevo desempolvas los recuerdos,
despiertan y se llevan tu sueño.

Empaca pronto, cierra bien tu equipaje,
hazlo liviano,
y corre,
corre donde los fantasmas no te encuentren.

Sonia Quintero

EL OMBLIGO DE LA LUZ

Me senté a mirar el ombligo de la luz
y así de pronto estalló el sonido de mis huesos
que se volvían arena solo para poder perseguir
                              (los rastros de esa luz

Me senté a observar el precipicio narrado
                              (al comienzo del día
la misma constelación de colores encarnados en la nube

Cerré los ojos para no desgastar la luz
y en señal de resistencia me quedé colgada
                              (en la punta de la montaña
esa que me contabas de niña

Y llegaron algunos otros habitantes
incapaces de hablar porque el mar pronto
                              (llegaría hasta aquí
y su azul impalpable ahogaba cualquier palabra

Podría destruirme el azul y sus pequeños
                              (trazos anaranjados
Podría de pronto estrangularme el cuerpo marítimo
                    (sentado en las faldas de aquella mujer

Tan irremediable es mi desapego con los otros
y mi apego a lo invisible

Tan irremediable es mi silencio
y su letal estrategia...

Llevas el olor salvaje de los que olvidan marcar el camino
como para no tener que acordarte de regresar al abismo...

Ana María Reyes

ALAS OSCURAS

La vida pasó ligera esta mañana.
La tristeza extendió sus alas grises,
reteniéndome abrazada a su lado,
el carro de la vida siguió su rumbo sin mí.

Se cerraron las ventanas,

censuradas quedaron la risa y el amor.
Y yo seguía presa allí. La libertad atada,
sin palabras, con miedos

no estaba lista. La dejé ir.
Sin mí, se fueron,
subieron el vidrio de la alegría,
con mi ausencia, sin mi permiso,
ésta mañana; la vida siguió su rumbo,
y yo sigo aquí.

Patricia Cardona

EARLY MORNING, LATE NIGHT

Early morning, late night
The best times to not be seen
Before dawn, after sunset
Lurking where the light has been

Hiding my face, hiding myself
Thankful for all that is dark
Wanting to stay undercover
Yet not wanting to be set apart

"I'm not like everyone else," you see
"Nobody gets how I feel!"
"I'm the only one with this pain inside."
"The only one whose struggle is real."
Only by pushing myself to articulate

This my deepest shame
Do I realise suffering is perception
Suffering is universal, suffering is a game

It's easy to say it's external
To blame others for making me sad
It's uncomfortable to acknowledge the voices in my
head
The one's that whisper: You're mad!

But madness is as madness does
I mostly embrace it now
But occasionally when my doubts resurface
I hide like only I know how

So that's why I seek solace in the midst
of white and black
Because the grey of the early morning and night-time
Allow me, to do
Just that

Karina Pearl Thorne

CUESTIÓN DE SABIDURÍA

En esa lucha interior
entre el ser y el parecer
nos perdemos sin razón
por el puro menester.

Cuando el corazón nos grita:
"¡Ahora, actúa, haz esto!"
Y la cabeza asegura:
"¡Está mal, es incorrecto!"
¿A quién escuchamos primero?
¿A quién se debe escuchar?
¿A estos dos incorregibles,
o a la sabia sociedad?
Mi consejo, amigo, amiga,
es que seas fiel a ti mismo,
que no borreguées ciego,
que sopeses raciocino,
pues a veces lo social,
pese a ser bien aceptado,
es lo menos natural,
menos cívico y humano.

Karmel Almenara

METAMORFOSIS

De lava a roca
De roca a piedra
De piedra a arena
De arena a polvo
De polvo a viento
De viento a labio
De labio a voz
La voz al viento

Ser la palabra que se engendra
en el centro de la tierra
y que desde tus labios
salva el abismo entre tú y yo.

Juan Toledo

REÍRNOS

Reírnos hasta el cansancio.

Reírnos de las llamadas cosas serias de la vida
de la fidelidad, de la religión, del miedo,
de la ley impuesta, de la plusvalía
y de la propiedad privada.

Reírnos hasta que la seriedad
se evapore y se disperse entre las risas de la gente.

Reírnos hasta que nuestro sexo corra desnudo,
libre, alegre, valiente, ¡dueño de sí
como un lobo en las praderas!

Reírnos hasta que la cruz se transforme
en dos líneas paralelas
que nunca más vuelvan a cruzarse.

Reírnos hasta que el miedo

pierda su filo y el control que ejerce
sobre nuestras almas acobardadas.

Reírnos hasta que la ley tenga el mismo color
para cada ser que habita este planeta.

Reírnos hasta que la plusvalía se tase en amor,
armonía, respeto y libertad.

Reírnos hasta que la propiedad privada
sea aplastada por el peso de la avaricia desmedida.
Hasta que toda la tierra con sus árboles y frutos,
toda el agua de los mares y los ríos,
toda la arena de las playas y desiertos,
toda la plenitud y el azul del cielo,
toda la luz del sol, la luna y las estrellas
¡nos vuelvan a pertenecer a todos!

Reírnos para salvarnos, para ser verdaderos
en esta vida tan breve e infinita.

Claudia Lozano González

DESENCANTO

Amanece, miro por la ventana hacia lo lejos.
En la orilla del río, pedazos de besos derretidos.
Desencuentros, llenos de lágrimas sobre la arena.
Gaviotas volando con alas de mármol
que se precipitan al abismo.

Un pez agonizando sobre la orilla del río,
atravesado accidentalmente por la espada de cupido.
Un perro abandonado sobre los rieles del ferrocarril,
en silla de ruedas.
Y allá al otro lado del río, un árbol obeso, sin hojas,
Temblando, es atendido de emergencia
por un psicólogo forestal con maestría.

Palmacera Suárez

OTOÑO

El otoño llegó sin previo aviso
yse instaló perezoso y plenamente.
El césped perdió su verde intenso,
cesaron los paisajes de explosiones multicolores,
agonizó la plenitud solar de cada día.
Quedaron solo unos cuantos higos en la higuera.

Las hojas ocres de los árboles en el piso
cubrieron completamente las veredas,
y entonces se empezó a navegar en este mundo,
con la brújula de la experiencia y el instinto.

El rostro, mapa de los caminos andados
se volvió más claro y definido.
La cubierta del espíritu perdió su tono.
Hermes hizo más lenta su carrera,
la sabiduría y la experiencia se pusieron musculosas

y se llenó de vitaminas la nostalgia.

Y aún con todo eso, siguieron ahí
en lo más recóndito del alma, llenas de vigor y vida,
las ganas imberbes de ser, la creatividad, y el amor,
queriendo manifestarse en frutos y proyectos
con la fe enorme de que su grácil danza
siga hasta el último día del invierno.

Claudia Lozano González

SERES DE LA IMAGINACIÓN

Mis amantes están en la luna
También en otros planetas
Nadan en el agua
Pero no son sirenas

Mis amantes
Se esconden en la selva
La densa maleza las camufla
Pero no son panteras

Mis amantes
Duermen en las cuevas
Como los espíritus alados
Pero no son luciérnagas

Mis amantes

Se esconden en las flores
Se sacian con el polen
Pero no son abejas

Mis amantes juegan con mi mente
Y traen de vuelta
Las más hermosas memorias
De todas las musas eróticas
Que alguna vez se columpiaron
En el trapecio de mi pasado

Fabián Álvarez

LABERINTOS

Sorpresivo y de repente perdido,
eclosión de tiempo,
sucesos que como galaxias se alejan,
confusión primigenia de pensamientos meteóricos que sil-
bando pasan por mi mente,
maraña de senderos que del presente nos sacan, centro
magnético que nos atrapa
en su sin Norte del ayer y del mañana,
vórtice de direcciones de pisadas y del habla,
                              (equivocaciones, elecciones fallidas,
un ir y volver,
un terminar y empezar de nuevo,

lenguas y cuerdas sonoras
que entre dientes y faringes se entrelazan,
muros, divisiones, paredes, murallas infranqueables,
caminos que se juntan y se apartan,
que se curvan y regresan al punto de partida,
un grito ahogado al cielo para nuestro rescate,
o una plegaria al meollo de este infierno que nos traga,
                              (una disculpa que nos redime,
una mentira que nos salva,
un pasaporte que para nada hace falta. No hay salida!
Solo hambrientas entradas!
Dónde fuimos?
Dónde estábamos?
Qué dijimos?
Con disimulo dijimos,
pero al final no dijimos nada!
En qué laberinto de palabras caímos? caímos ahí
     (donde la sinceridad se disfraza, la fuerza no se atreve,
el rubor nos delata,
la luz de las palabras desaparece,
la tartamudez ataca,
con disimulo lo dijimos,
pero al final no dijimos nada!
ni de nuestros pasos tampoco, tampoco hicimos
                              (absolutamente nada!

Jorge Paesano

PARA QUÉ SER LUNA

En círculos rondo el porvenir de tus caderas
pisando los ritmos que danzan tus disfraces;
¿cómo será que de la nada naces
y aun al morir me desvivo, deshojando las esperas?
¿Cuál será la ley que hilvana tus encajes
y que rompe las costuras de mi caja de madera?
Son tus manos caprichosas las que rompen la baraja
y deciden a qué hora diligente el sol se pone,
marcan tiempo y el camino por el cual al fin asome
mi semblante, un tanto triste, si tu anhelo así dispone
- y así paso yo mis días, esperando por tus noches.
Luna soy, pues luna me haces,
y destellan mis suspiros con la luz que tú me arrojes:
si anocheces prenderé con la lumbre de otros soles
o seré oscuridad si la noche no la traes.
Y sol quiere ser la luna
para que nunca se apague.

Gerard Domínguez Reig

CONFIESO QUE...

He tenido y destenido todo y nada
He amado y me han amado
Atesorando pedacitos de arcoíris

Besos, abrazos recibidos y entregados

olvidando abandonos infantiles
angustias juveniles, soltado pedacitos de vida

y cuando me vaya, nada llevaré
igual que nada he traído
agradeciendo la despedida

Me iré de la mano de quien me espera,
Compañero incansable,
quien lucha imbatible por permanecer,
a pesar de mí misma,
a pesar de mi propio sabotaje.

Patricia Cardona

LÁGRIMAS DE MAR SALADA

Ganas de llorar
encerradas en el alma
a punto de explotar
sólo les falta la llama.
Mas, alrededor, silencio,
pues no puedes decir nada.
Debes mostrarte y ser fuerte,
luchar sin decir palabra,
mientras las lágrimas ruedan
por los ojos de tu alma
inundando de amargura
cada risa, cada magia.

Como en el cuento de Alicia,
lágrimas de mar salada
son las que mueven el mundo
en esta desesperanza.

Karmel Almenara

GLOBO

En un universo infinito
El astronauta busca imposibles
Respuestas

Conectado a los cilindros de oxígeno
Se juega la vida

Pero qué vida, la carnal?
Acaso está condenado
A no llegar a ser un fantasma
Con poderes ?

Iluso y engañado
Intenta creer que aún está vivo
Y entonces para qué la vida?

Si esa misma no le permite
Estar fuera del globo

Tal vez las momias
Inertes de otros mundos

Petrificadas por el olvido
Esperan la nada

Humano que no es nada
Y presume de que es mucho

En un rincón
Lejos de otros soles

Escondido hasta de los asteroides
Que viajen sin descanso

Somos la nave que hace
Muchos y miles de días
Perdió su rumbo

Fabián Álvarez

J'EXISTE

Si on allait boire un verre,
Parler de la météo?
Discuter des romans féministes
À l'ombre, s'il fait chaud?

Et si on se promenait dans un parc,
Timidement, main dans la main?
La bruine tombant sur ton visage
Comme si tu avais du chagrin.

Et si on dinait dans un restaurant chic,
La première fois que on se tutoie
Une bonne bouffe, un bon feeling
Tous ces souvenirs, que de la joie!

Si sur mon corps tu osais
Glisser tes doigts délicats.
Quelles sensations ces frissons
Seraient sur ma peau, sur mes bras.

Si seulement tu me regardais,
Cela confirmerait que j'existe.
Mon coeur éclaterait.
Je reste optimiste.

Karina Pearl Thorne

POEMA Nº 18
(del libro "Retazos")

La felicidad,
ese momento de comunión
entre mi yo y un millón más.
Ese pedazo de pastel jugando en mis dedos y
el olor del café que se funde con el olor de un lápiz
y un papel.
Un momento para maravillarme,
un instante para mirar el sol, saciar mi sed y continuar.

La felicidad,
ese momento que se escapa entre mi sudor cuando te amo
y me quedo sin voz.

Ese momento que me maravilla por lo fugaz, lo efímero,
lo poco sustancial.
Me aferro a mi taza de café, en ella me bebo
el último momento de paz,
la realidad de continuar buscando
ese momento de felicidad.

Sonia Quintero

EL DÍA QUE DEJÉ DE ESCRIBIR

El día que dejé de escribir,
no fue ningún día especial.
No hubo ninguna hecatombe,
ni se paró el mundo,
ni se destruyó el planeta.
El día que dejé de escribir
no murió nadie conocido,
ni mi vida se tornó fría y triste,
ni siquiera dejé de tener sentido.
El día que dejé de escribir
el sol salió y luego se puso,
la vida siguió su ritmo confuso,
las flores nacieron y nació el arbusto.
El día que dejé de escribir
sólo dejé de escribir
y nada ni nadie pudo impedirlo,
se me acabó el pulso.

Karmel Almenara

EVAPORARME

Reconocerme sonámbula, etérea y breve
Saberme capaz de evaporarme
volatilizando, disipando recuerdos.

Entenderme feliz y ligera
Aceptarme frugal y enamorada
Entrar a la vida confiada en esta verdad.

Consumir los dias, consumir las horas.
Y aceptarme en la diferencia.
Sin exigir nada más.
Sin sufrir lo que no existe

Patricia Cardona

RECURRENCIA

Deshechos del olvido: memoria.
Deshechos del antes: pasado.
Deshechos del después: futuro.
Deshechos de deshechos: la nada.

Todos los antes, todos los después,
todos los deshechos: ahora.

Juan Toledo

Toda la luz del mundo cabe dentro de un ojo

(FEDERICO GARCÍA LORCA)

EL DESIERTO

Quizá esté en el momento en que vivir es
errar en completa soledad al fondo de un
momento ilimitado, en que la luz
no cambia y todos los residuos se parecen
Samuel Beckett

En Sbá la muerte tiene un tono
que rueda al vacío desde arpegios convulsos,
un tono callado como el viento

                    (que modifica el paisaje.

Sólo la muerte, sin embargo,
cambia algo. Ya no hay paisaje, no hay
punto de vista desde donde ejecutar la música.

Hasta tanto, sólo el viento:
feroz simún o la calma brisa de ciertas horas
y el sol de plomo sobre el ereg desierto.
Cambia el paisaje:
aquí y allá crecen y se derrumban dunas estriadas
como el fantasmal vaivén de un mar en cámara lenta.

A veces, una caravana atraviesa la aridez
dejando leves huellas que se borran a su paso.
Los hombres se detienen, hacen fuego,
elevan las plegarias a sus dioses.
Al cabo, demasiado rápido, retorna el silencio.

El viento no corroe:
sólo mueve de aquí para allá las arenas gualdas,
como nieve de oro sibilante.

Hasta que el momento llega.

127

Sólo sabemos que por fin la música ha cesado.
Ignoramos si es apenas un compás vacío
detrás del cual se abre
simplemente
                    un nuevo paisaje inmóvil.

Enrique D. Zattara

NOSOTROS

Tiempo y espacio
Ahora y acá
pero...
¿Y en el más allá?
¿En el después del final?
Hereafter
¿Igual que antes del comienzo?
¿Antes del antes y después del después?
Espacio y abismo infinitos

En la vida después de esta vida
El tiempo será espacio
Y espacio es no tiempo
Más allá del infinitamente finito
no después, no allá
no ahora y no acá
abolición del destino

Un lugar donde el bailarín y el epiléptico
escuchan latir el corazón de la estalagmita

Juan Toledo

FUEGO

El **fuego** nace naturalmente en la nube y misteriosamente en la forja.

La palabra **fuego**, por sí sola, nos hace saltar del asiento: **¡Fuego!**

El **fuego** puede anticipar de todo, desde una catástrofe (¡Si a lo lejos parece que hay un **fuego**!) hasta el inicio de una relación intensa (¿Tienes **fuego**?).

El **fuego** es a la vez acto y deseo. Por eso, no hay día en que no se declare un incendio o en que alguien no tenga intención de prender **fuego** a algún conocido.

El **fuego** no es más que un fenómeno físico-químico que desprende luz y calor, el resultado de la combustión de un cuerpo. Sin embargo, por su carácter insondable se le asigna un papel tan divino como diabólico.

Sí, el **fuego** es herramienta de revelación divina: lenguas de **fuego** iluminaron a los profetas; un arcángel empuñó una espada de **fuego**; un arbusto en llamas le habló a Moisés.

Pero a lo largo de la historia, al **fuego** también se le ha tachado de maldito: el infierno es un lugar poblado de llamas, y el señor del **fuego** es el diablo.

Condena de mártires y tortura de héroes, el **fuego** encarna un castigo aterrador.

Al mismo tiempo, con **fuego** se premian ciertos actos: los **fuegos** artificiales traquetean en el aire para conmemorar una victoria.

Vidas y lugares que se han visto reducidos a escoria: Alejandría, Ícaro, Guernica, numerosos y honorables monjes tibetanos, Juana de Arco, Londres, el ama de llaves de Rebecca, Dresde y, casi, el Sr. Rochester.

Cualquiera diría que se trata de un agente provocador al servicio de alguien del que nadie sabe nada.

Hay **fuegos** aceptables y **fuegos** detestables. Entre los primeros se cuentan los que nos calientan; entre los segundos, los que nos dejan fríos.

Por el **fuego** han nacido profesiones: el bombero y el electricista y el soldador. Hay quien contaría también al pirómano, aunque en este caso no se trata de un profesional sino de un mero aficionado.

El descubrimiento del **fuego** es lo que marca el inicio de la civilización; abrir **fuego** es lo que marca su ocaso.

Hay **fuegos** diurnos y **fuegos** eternos.

Hay **fuegos** fugaces y huidizos, pero también impetuosos y permanentes.

Hay **fuegos** para quemar y **fuegos** para calentar.

Hay **fuegos** para destruir el acero y **fuegos** para soldar el hierro.

Hay **fuegos** que iluminan el túnel, y otros que impiden la salida.

Hay **fuegos** que se alimentan de amor y otros de odio. Se debe a que, en términos generales, el **fuego** es pasional.

En términos particulares, puede decirse que no hay día que pase sin que algo se incendie y se agote.

Para muchos, el **fuego** no es más que el constante recordatorio de la fugacidad e inconstancia de los objetos.

El **fuego** también nos recuerda a nosotros mismos: fugaces, inconstantes, meros objetos en la gran e inflamable urdimbre de la que, sin exactamente quererlo, formamos parte.

El **fuego** es condición necesaria para mantenerse vivo; sin embargo, a muchos de los que vemos a nuestro alrededor se les apagó la llama hace años.

Hay quien juega con **fuego**, pero echando leña al **fuego** se juega mejor.

A **fuego** lento, a sangre y **fuego**, **fuego** sagrado. El hecho es poner toda la carne en el asador.

Puse la mano en el **fuego**, y me quemé entera.

Hay **fuegos** artificiales y **fuegos** fatuos, clasificación también aplicable a los mortales.

Sí, el **fuego** es antropomórfico: criatura sinuosa y frágil que se ahoga en un charco de agua.

Se habla de **fuegos** griegos, chinos, japoneses, pérsicos. Se habla del **fuego** de Santelmo, de San Antón, de San Marcial, de Santa Elena. Se habla del **fuego** sacro y del **fuego** manso.

La aurora boreal, la Estrella del Norte, Venus, la Osa Menor, Alfa-Centauro, la Vía Láctea... todas ellas compiten por abrir **fuego** en mitad de la noche.

El **fuego** nos iguala: en la pira funeraria nos reduce a todos a cenizas; en la hoguera nos obliga a sentarnos en círculo.

En todos los casos es aconsejable prender **fuego** a las naves y no mirar hacia atrás.

No, no hay nada como un **fuego** a tiempo para luego recoger lo indestructible entre las ascuas.

Isabel del Rio

HERÁCLITO

En este mismo instante en que digo
"En este mismo instante"
Este mismo instante
Ya no es el mismo.

Juan Toledo

PALABRAS

Palabras que se liberan.
Caen como piedras,
salen volando como mariposas.
A conquistar el viento.
Busco atraparlas de nuevo,
devolverlas al silencio.
Esquivas se zafan, se deslizan entre los árboles,
se juntan con las hojas, se mezclan con el agua,
se derriten con el sol; están allí sonando.
Cada palabra que sale de mis labios,
será una mariposa trasparente entre la bruma,
que jamás volverá de nuevo a descansar sobre mi boca.

Palmacera Suárez

CEMENTERIO

Sobre piedra carcomida
 se lee aún, mas ya tenue:
Aquí yace Fulanito,
vivió de tal a tal fecha,
hijo, padre, abuelo, esposo,
madre, hija, esposa, abuela.
Las ardillas juguetonas,
saltan por todas las tumbas
ajenas a tanta muerte,

lejanas de esa penumbra.
Los cuervos, sus compañeros,
habitan ahora el lugar,
desierto de lápidas lóbregas,
los caminos sin pisar.
Y olvidadas, ya por siempre,
piedras algún día honradas,
son las ruinas del castillo
de esta vida que no es nada.
Polvo fuimos, luego, nada.

Karmel Almenara

VIDA

Te alaban las Naciones
Por tu vientre por tu Santo fruto

Refugio del todo
Células, tejidos y cromosomas
Que nadan
En la intimidad del creador

Omnipotente escultor
De todas las cosas

Casa en la que se construyen
Todos los sueños del ser humano
protegida entre la placenta

La obra humana perfecta

Todos los cuidados de una larga maratón
De nueve ciclos de oro

Días para estar a Solas con Dios
Días en que la misma ciencia es nada
No cuenta

Trompas de falopio
Fecundación cósmica
En las noches de natalidad
Amor el condimento esencial
De esta buena receta

Pronto y la humanidad entera
Espera afuera
A pocos días de romperse las fuentes

A pocas horas de poder abrir los ojos
El primer respiro
Lágrimas de vida que anuncian
Por fin la llegada

Lágrimas de amor
De una madre afortunada

Fabián Álvarez

GEOMETRÍA

Hombre geométrico
con su esperanza lineal
su fe circular
su placer tangencial y
sus verdades paralelas.

Ego concéntrico, asimétrico y periférico
Felicidad de volúmenes, de planos, de líneas, de puntos,
del punto distante, imperceptible, incalculable,
                (inalcanzable e inmemorable.

Juan Toledo

SOY LA LLUVIA

Soy la lluvia que cae del cielo gris
Tímido, nervioso, volando en el espacio

Soy la lluvia cayendo lentamente en el aire
El tiempo se detiene, estoy mirando a mi alrededor
La tierra es bonita

Soy la lluvia cayendo sola hacia la tierra
Mi velocidad aumenta
Debería tener miedo
De repente estoy ahí

Toco los árboles, las plantas, la hierba
Estoy feliz

He llegado
Lluvia, aire, tierra
Somos uno

Karina Pearl Thorne

MARTIRIO

Quiso morir morir
pero no clavado a un madero
no sediento y triste.
No morir por una verdad
que tan sólo era otra más de sus mentiras.

Juan Toledo

MENTE

Precisamente
No le de mente, mente qué probablemente todo está en la
mente: todo es incierto, nada es cierto.
Suavemente, mágicamente, moralmente,
etimológicamente, embriagadamente y mortalmente.

Mentalmente
De ella, antológicamente hablan los sentidos:
Sentidamente e instintivamente, mente.
El perro ejemplarmente, jadeante y cuadrúpedamente
lleva la memoria en lo sabuesamente
Irónicamente, el hombre socialmente y charlada
mente, respira difícilmente.

Feudal Mente
Mente aquí, si alegremente y mente allí
si desgraciadamente, mente.
Y sino probadamente, científicamente memorablemente:
lo religiosamente y lo invasivamente,
juntamente lo colonialmente, para lo brutalmente, mente.

Teológica mente
que oscuramente mente, que iluminadamente,
genialmente, mente y mente ciegamente y mente que
fundamentalmente y santificadamente, vacío y presencia
que misteriosamente. Mente
Por ende no le de mente.

Ancestral Mente
adentro, si equívocamente y olvidadamente lo
míticamente, geográficamente y ambiental mente que
somos, porque sesudamente hay cerebral mente vida o
muerte y después, punto final, mera mente.

Mujer mente
Fiera y batallada mente que lo da todo femeninamente
sudorosamente espiritual mente y la paga salarialmente
no cubre lo invertidamente, proporcionalmente a lo
humanamente sacrificada mente

Controlada mente
Porque razonablemente y lógicamente el mundo es
definitivamente cualquier cosa hasta lo
 impensablemente, pero categóricamente claramente los
dos conceptualmente anteriormente son de lo mas
contradictoriamente caóticamente del absurdamente.

Dudosa mente
¿Pues qué hay que prodigiosa mente y destructiva mente
sea a ratos constructiva mente y en todo tiempo
devastadoramente? Si le damos mente a lo sensatamente
cabalmente, alborada mente,
¡qué sino la nebulosa mente!

Pa mil formas la mente:
cóncavamente, convexamente, triangularmente,
esféricamente, planamente, horizontalmente,
helicoidalmente, informe mente, calculada mente,
geométricamente, matemáticamente milimétricamente,
diminutamente mente, mecánicamente, políticamente,
mente

Engañosamente
Y mente porque factualmente y fluctúa mente, la mente
miente inescrupulosamente y
mente que verdaderamente, que curativamente,
que aliviadamente liberadamente, mente,
pues lo que es verdaderamente es atemporal mente y
permanente mente...mente
Mente si y mente no..
Porque la mente es pura y dura noción de lo que
imaginariamente y existentemente, realmente

Y por si las moscas mente
A lo que urgentemente no da paso a lo importante,
mente. Mente

Líricamente notablemente y claramente que la mente es
un cósmicamente, ensanchada mente, materia gris ínfima
y expansivamente.
Pero ojo, pilas que la mente te la rayan y la lavan
 tempranamente, borregamente parcialmente,
prolíficamente, para lo rentablemente, bonificada mente,
especulativamente, interesadamente, monetariamente,
hipotecada mente y dejo en paz a la inquietamente
mente, porque somos infinitamente más que lo
formulada mente por lo imperantemente
económica mente. Mente

Jorge Naranjo

CÓMO NO ELOGIAR AL POETA

Si de su inspiración nace
La palabra verso

Cómo no elogiar al poeta

Ríos de palabras vivas
Flores que crecen a su paso

Cómo no elogiar al poeta

Definición de luz
En un mundo lleno de tinieblas

Cómo no elogiar al poeta !

Lágrimas de todas las formas
Cúmulo de besos y de abrazos

Cómo no elogiar al poeta !

Si los pájaros no cantan
Muere la armonía, sufre la naturaleza

Cómo no elogiar al poeta !

Notas musicales
Instrumentos de viento con buena vibra

Cómo no elogiar al poeta !

Sonrisas de niños
Jugando alegres en el parque

Cómo no elogiar al poeta !

Sensualidad a flor de piel
Orgasmos por montones

Cómo no elogiar al poeta !

Cartas escritas por el alma
Diptongos del corazón

Cómo no elogiar al poeta !

Gritos silenciosos
De las más bellas esculturas

Cómo no elogiar al poeta

Hallazgo de fósiles literarios
Libros que resucitan entre los muertos

Cómo no elogiar al poeta!

Si la misma muerte
Ya le perdonó la vida

Fabián Álvarez

DESTINO

El trazo de un Dios indiferente
escrito en las estrellas tatuadas en la noche
o en las líneas aradas en mi mano.
Geografías indelebles, incorruptibles e indescifrables
que nunca aprenderé a reconocer.

Juan Toledo

LIBÉLULA

Bailarina del bosque, florecida en el viento,
cabalgas en los reflejos que deja el sol,
cuando se desploma sobre el horizonte.
Allí vuelas tímida, cautelosa mirándote en el agua,
subes, bajas danzas alrededor.
Creyendo estar sola te desnudas sobre los espejos.
Y es allí donde ves tu cuerpo de libélula.
Danzarina vestida de arcoíris que vuela,
entre los espejos escondidos en el agua.

Palmacera Suárez

THE JOURNEY

Leaving behind all I knew
so that I would begin to know.

Only traces of me remained, for I –as myself– had been
long gone.

Nothing showed me the route to take:
no breadcrumbs, pebbles, white lines on the road,
                                                    (compasses.

Even less could anyone give me the advice I needed. Or
                (perhaps I should re-phrase: I sought advice
from no one, for I had to do this on my own.

It was no easy ride:
one way, no map, misgivings all throughout.

No, there was no track to follow. Thus,
                              (I had to make it up entirely
as I went along.

I walked until the city became a large beast in my field of
                              (vision; its streets, coercing sinews; its
houses, cells that scoffed each other; its inhabitants, out of
                              (despair they were losing the will to live.

I took no car, no train, no bus. Don't ask me how,
                              (but I managed
to get through, despite the odds.

I somehow knew when I arrived, even though there were
                  (no signs. It was nothing resembling what I
was familiar with, what I had been taught,
                              (what kept everyone in their place.

And then I was on my own, just like all those
                              (who start out on this same journey
are very much on their own.

I did not mind the loneliness: I no longer needed
                  (to take solace from the past and, what was
more important, by then I knew what the future
                                        (held for me.

What can I say about what I found? It was necessarily
better, inescapably diverse. Forsaken as I had been,
                  (I succeeded in getting it all back.

It was nothing that could be contained in rulebooks
                (nor did it originate from expectations placed
on me by so many, for so long,
                        (in such a variety of circumstances.

You might want to put it down to the gift of risk-taking,
                                (something that you should
try at least once in your life.

And if you ask me about going
                (back to old routines and set ways, my reply
would simply be no, never, not on your life.

Isabel del Rio

DESAPERECER

Desapereció ¡y no murió!
Desaperecer en la muerte debe ser humillante

como perderse en la vida, morir sin muerte fija

Sería como morirse y no llegar
No llegar a donde, se supone, llegar nos produce miedo

Morirse con el miedo de quedar vivo
y no solo vivo sino en el limbo.
Ese limbo en el que vivo y desaperezco cada día

Patricia Cardona

CULTURA CON C

Considerándolo, cualquier cosa cuenta como cultura:
cantatas, coros, conferencias, catedrales conciertos,
celebraciones, celebridades, cantinas, cafés, cocineros,
cocineros, cortaplumas, cachivaches, catástrofes.

Conciencialmente también certificar, constatar, calificar,
cuantificar, corregir y culiar, coger, chupar, comer, cagar,
chicanear, chambonear, chingonear, chimba, chocha, culo,
camareros con caras cortadas, chavales con cicatrices,
chinos carcajeando, compadritos cuchichando, culicagados
carajeando, camaradas complotando.

Cada cual con su cultura: consules, califas, criminales,
cortesanos, canallas, curas, contadores, cómicos,
cardenales, cínicos, comentaristas, columnistas, cantantes,
corredores, chicas y chicos.

Carajo cuanta cultura.

Juan Toledo

MOTHER NATURE

You have given birth to many cycles
The stars, the moon, the planets
Our bodies dance to the rhythm
Of birds flapping, frogs jumping, horses running wildly
You have given us the answers

And we don't even know it
Everything we do and see and hear is a mathematical
equation
Reflected in the lakes, the sky, the forests

If we just follow the pattern
Keep to the rhythm
We will survive

It is only when we distance ourselves from you
Do we experience pain
When we run away from you and seek shelter
In concrete blocks, and convenience, and Everything
Now

It is then, like a petulant child
We suffer from ignorance
Sat in a corner, facing a blank wall
Silently deliberating Your lesson

Karina Pearl Thorne

VISITANTE DE LA MADRUGADA

A ti viajera de mi noche callada,
musa silenciosa de cada madrugada,
envuelta en luna que se pierde lejana,
triunfante de versos a cada mañana
cuando el horizonte nace tras la montaña,
con fulgores de luces sobre los cielos derramada.

Pluma voraz de tu mano guiada,
de tu mente invicta a las planas se decanta,
cuando toda la creación duerme
tu mente trabaja
y mi cuerpo descansa.
Maravilla invisible
a quien los romanos y los griegos cantan historias
fantásticas que entre páginas de libros proezas
                              (de humanos y dioses se relatan.
Sopla palabras de viento en mi mente que yo trascribo,
mientras de premios y aplausos mi ego se inflama
y tu mi musa; ahí junto a mí, y tú; y tú callada.

Jorge Paesano

¿A QUIÉN NO LE CONMUEVE?

¿A quién no le conmueve la luna en cuarto creciente?
Allá sola en las alturas, en la inmensidad de la noche,
luciendo delgada, quebradiza, frágil.
Dan ganas de tomarla entre los brazos
Y acurrucarla con ternura como a un niño desvalido.

¿Y quién se engaña con ese cuento?,
Sólo una loca romántica como yo,
que sueña con ser una heroína de telenovela:
protectora de los débiles e indefensos.

A mí me gusta este juego
entre la debilidad y la fuerza.
¡Pero a la luna no! Ella sabe quién es.

Sabe que es grande y poderosa,
capaz de controlar el agua
de los oceános, los mares y los ríos.

Sabe también que a veces, mis hormonas
estarán totalmente a su merced.

Pretendo describir a la luna
como un ser débil y necesitado.
¡Cuán ingenua y tonta soy
porque sin duda sé,
que un cuarto creciente
anticipa el poder verla llena,
reina y soberana,
hermosa e irresistible.

Claudia Lozano González

TRANSPARENCIAS

Las ventanas esos ojetes que llaman a la curiosidad
transparencias ocultas con telas de colores
infinitas vidrieras semejando salas de cine.

Y yo en mi cineasta perpetuidad
fantaseo las vidas que ocultan
aquellos cuerpos ocultos
cuerpos que se aman
encerrados, velados, solapados y felices.

Ignorando a los envidiosos, a los fisgones, a mí.
Puedo ver que allá detrás de esa falsa pantalla
hay un cuerpo firme, suave, sudoroso y entregado.
Cuerpo que ofrece su respiro, su tacto, sus delicias.
Sostenido suavemente por uno fuerte, oscuro y recio.

Patricia Cardona

POEM 14
(del libro "Words are not enough")

Give me a pen
  I want to change the world
Give me paper
  I want to move my view
Give me a reason to stand up
  and raise my voice
Give me something to share with you
  just a good reason to stay and grow
Give me a pen
  I want to write on this empty paper
My story and my dream
  give me,
give me a pen and a paper
I will give you back
my soul and my love

Sonia Quintero

TAL VEZ MAÑANA

Quizá mañana despierte sin este ayer.
Quizá mañana descubra un día nuevo,
olvidarlo todo y volver a empezar.

Que gran vida sería volver a amar,
Volver a nombrarlo todo.
Estrenar vida

y descubrir con asombro
con la ligereza del deslumbramiento
que aún mañana solo existe el hoy.

Patricia Cardona

GODOT

La caña del pescador
se tiende como una esperanza hacia el mar.
Su débil apariencia cimbrea igual que un asta
inexplicable.
Nadie ve el hilo tenso sobre las ondas,
solo el pescador aguarda:
él puede ver lo invisible y espera.
Ya habrá el débil tirón,
el súbito arquearse de la caña,
el vértice superior acercándose a las olas
en una sed que no podrá saciarse.

Pero en esta marina repetida
no debe olvidarse que es posible
que la línea no encuentre resistencia:
que su alerta tensión permanezca sin respuesta,
que apenas el aire incesante pulse su nota monocorde.

Enrique D. Zattara

Maldigo la poesía de quien no toma partido hasta mancharse

(GABRIEL CELAYA)

REDENCIÓN

Ciudades colosales, inmensas montañas de adoquines,
hierro y acero.
Un sol metálico rojo asoma en un filo de
                              (una cornisa que se esconde,
entre laberintos geométricos.
Majestuosa arquitectura,
es allí, donde confabulan lobos,
hienas y cocodrilos.
El destino de los seres vivos,
tanto la flora, fauna,
toda la naturaleza y la humanidad,
tienen los días contados,
por los gendarmes del capital,
disfrazados de ovejas blancas,
maquillados por la mass media.
Alegoría a la contaminación de ríos con mercurio,
                              (plomo y petróleo,
aniquilamiento de especies nativas y seres humanos.
Por el bien de la economía global.
Cada uno de nosotros es una mercancía.
Y con plegarias religiosas justifican la infamia como
                              (una homilía que marcó el destino
inaplazable de la humanidad entera.
Mientras los lobos, hienas y cocodrilos
                              (disfrazados de ovejas
disfrutan de la vida terrenal en minoría.
La mayoría de la humanidad, con la religión,
esperan la muerte con ansiedad, como una redención,
para salvarse de este infierno e irse a disfrutar
                              (la vida eterna.
El mundo occidental nos dejó la vida eterna
                              (para descansar.

Y nuestros ancestros invocaron la luna, el sol
y las estrellas para disfrutar la vida en este viaje al infinito,
cuidando, amando los seres vivos y la madre tierra.
Que la estratagema no sea perpetua,
recuperemos los ríos, la fauna y el amor a la vida,
quebrantemos los designios de seguir muriendo,
por un destino trágico,
construido por la infamia
de los mercaderes de la muerte,
que nos vendieron la eternidad feliz después de la muerte.
Y cargar el miedo a las espaldas, mientras
                                        (vivimos esta vida
pasajera.

Palmacera Suárez

BATALLA

Respiro puro color ancestral
cuerpos que mueven sus rastros en vertical
nubes que indican la mitad del planeta

Una turba naranja
sacude ciudades, calles

Es Apocalipsis

No queremos recordarlo
porque sus trazos son amargos

Y si la guerra viene
yo me cubro de histeria
me cobijo con las manos del que está allá
en los campos de batalla

Desolación fatal
o impaciencia

Y si todo se destruye
si nos barren del planeta
si nos dejan así
desaparecer tanto

Si la bomba estalla
y ya no podemos decir ninguna palabra

Si no podemos contra lo sucedido

Y si el silencio lo es todo
entonces
así
desapareceremos de la tierra.

Ana María Reyes

UN GOLPE DE VIENTO

A Raúl

Chicos afilan cuchillos
en una cueva de hielo,
guiados por la brújula del mal fario
llevan escrita la muerte en sus ojos.
Más allá de estas calles
hay un mundo nuevo,
ellos no pueden traspasarlo.
Líneas invisibles dividen zonas
donde huele a muerto.
Las farolas esbozan sombras,
enmudeció la noche al ver el brillo
del metal en sus manos.
El cielo llora en un sucio rincón de barrio
y la luna vestida de rojo
observa a los chicos
que quieren ser hombres antes de tiempo.
Cazadores de moscas con dentadura de plata
coleccionan calaveras para hacerse sortijas,
luego las lucirán en sus dedos.
Un golpe de viento le rozó el oído,
¡cuidado!
le dijo,
verdugos sueltos
cargan cuchillos forjados en sangre.
El cielo ha huido de espanto,
llegó el gris, seguido del negro funesto
sinfonía de duelo.
Un perro aúlla a lo lejos,
el gato sentado en la luna lo vio todo
y flotan flores deshojadas sobre cieno.
De una ventana salió llanto,
lamento,

el lecho del chico ha quedado vacío,
cortaron con cuchillo su hilo dorado.
Ojos hundidos bajo tierra,
boca sellada por asfalto.

Marijo Alba

Por Caminos de Dolor // VIDA RECOBRADA

No siempre había ganado.
Porque en el duro y cotidiano batallar
también se pierde.
Pero ayer ha recobrado la vida,
en batalla con la muerte.

Y ha puesto en el futuro la mirada,
aunque sombras y torturas
sus ojos le cegaran.

Y ha lanzado un grito de esperanza,
aunque mordazas sellaran su palabra.
Recobrando claramente las ideas,
que ni a bala pudieron quebrantarlas.

Él ha erguido solamente la cabeza.
La moral, ya estaba levantada.

Bogotá. Abril 11 de 1986
Amparo Restrepo Vélez

1973, REUNIÓN DE POETAS

Entonces sí que era joven y creía.
Cantábamos canciones "de protesta"
o citábamos a Neruda de corrido;
todavía el vino blanco era mejor que la cerveza.

Uno leía con ademán bronco
su poema cargado de reproches,
otro reía sobre el pecho generoso
de una mujer de larga pollera colorida
y un temblor de lejanía en la mirada.
Miguel, el de Junín,
me declaraba su amistad eterna;
y entre Susana y Rafael Alberto
celebraban los chistes memorables de Santoro.
Carlos, taciturno, intentaba en una esquina
seguir con el bombo
la zamba triste que Victoria rasgueaba en la guitarra.

Al poco rato ya estaba enamorado
de una muchacha empinada en zuecos blancos;
la música discurría entre cigarros
y cantamos a coro las canciones de Viglietti.
Éramos entonces apóstoles de luz,
soberbios, virginales,
dispuestos a salvar al mundo con palabras;
no hubo reloj, sensatez, sana mesura:
estábamos todos borrachos de esperanza.

Fue una noche de verano y la otra noche
no se había cernido aun sobre nosotros,
sobre todos nosotros los poetas del compromiso,
los que queríamos la palabra con silbido de bala

(la otra bala, la que se alojaría
en algunos de estos cuerpos pretenciosos,
esperaba su momento agazapada,
custodiada por aquellos
en cuyas bocas el diccionario es corto)

Enrique D. Zattara

EL CHANCHITO PRESIDENTE[5]

Un lechón con pinta de mojigato,
de mi país fue electo presidente,
la chuspa de Doritos muy crujiente
dio el premio ganador al mentecato.

Popular no era el puerco turulato,
y un día se sentó cerca al demente,
quién robándole Doritos ágilmente,
decidió dispararlo al estrellato.

Así se consagro el concubinato,
amarrado al enano delincuente
elegido, en la práctica suplente
obediente, le sirve al uribato.

El país incendió el gran genocida

---

[5] A propósito de la situación política colombiana en 2019

mientras el cerdo canta reguetón,
nuestra tierra de sangre está teñida.

Volvió ebrio de poder el gran patrón
no le importa si el chancho va en caída,
o si pronto se convierte en chicharrón.

Sandra Dixon

LAS SANGRES QUE NO SE LAVAN

Ayer pensé como cuando en serio pienso,
            (que soy un rio de historia que mi sangre arrastra
hacia la vertiginosa cascada,
desde la cual se precipita el torrente final de mi tiempo,
                        (que voy mojando orillas
que se evaporan cuando al olvido pasan.
Hoy pensé en mi patria global que por los cielos viaja,
                        (que también su sangre
que por nombre agua lleva,
cómo te ensucian, cómo te explotan, cómo te desangran.
Pensé en tus cristalinas venas heridas,
manchadas con la linfa en flujo brotando
desde los pechos abiertos,
las piernas mutiladas o de las chorreantes caras.
Pensé en tu propia cara mustia y desolada,
las guerras como abejas
libando el néctar de la muerte
en cada esquina, en cada altura,

en cada trinchera sin esperanza de nuevas madrugadas.
Pensé como cuando en serio pienso,
en mi corazón dispuesto,
en mis brazos aun bravíos; casi carne, casi aceros,
                    (extendidos hacia ti como fieles guerreros;
en mi mente arrabiada
casi obsesa, casi demente, o quizás serena y transluciente,
                    (en cómo defenderte, cómo pelearte,
cómo hacerte del horror liberada.

Jorge Paesano

VAYA CLIMA

Un niño y un perro jugaban en el paraíso del olvido. Sin
esquema para hallar la alegría, la encuentras sin
buscarla. Pero también hallas la tragedia, que saluda
dándonos la mano. Mientras, la juventud rasca en las
esquinas, la marimba, el seudónimo de la rebeldía.

En esta tierra sin memoria la gente desyerba los caminos,
abre surcos en el monte y algún inclemente vuelca
desperdicio y cuanta basura sobre la quebrada herida.
Pero la tierra se defiende y se sacude y luego nos
sorprende: en menos de lo que canta un gallo se renueva,
si no mire a Chernóbil, Moruroa, y otras novísimas
desgracias ambientales Casanare y la Guajira...

Hay cada agravio de lesa contra la tierra y su gente, que ulula cual mariposa en los meandros del incierto, la cuestión de lo que pueden cuento y verso humanado contra el tsunami de los atropellos. A grandes rasgos, lo breve del relato, nunca fue mas la parca que la vida y para muestra el agüita, que brota por encima de las piedras.

Juan, habitante de este clima, es un milagro cualquiera. Tomó la libertad de destruirse y por poco lo logra. Sus manos rayaban, quiero decir pintaban un venturoso porvenir, mas las manos de los hombres solo rayan garabatos ante los caprichitos del destino.

Como fuera, Juan es pueblo. Ha elegido y su cruda elección es un hecho. Las decisiones que cambian vidas son huesos duros de roer y él tiene osamenta dura como el calcio en la piedra, y la piel marcada al agudo filo de navaja.

Hoy lo visité y él se espantó, porque escogió vivir espantado. Luego salió, se tranquilizó, y fue que alucinaba. Quince minutos dura un viaje, y en él se ve gente colgada.
Me dijo: El otro día vi en medio de la oscuridad una sombra, el corazón palpitando como si fuera una trampa corazonada. Era un man, abajo junto a la quebrada y sospechosamente llevaba una escalera; bajó por ella hasta la sombra del guadual y de la piedra, para poder fumarse sus cositos y otras vainas.

Juan morador de la intemperie, residente y amigo del guadual y la quebrada, vio llegar al personaje y

marcharse, escalera en hombros.
Tardó horas y horas. Luego, por fin, abordó la noche, se terció la escalera y se perdió en el mutuo delirio.

Pobre Juan, no durmió ni pegó el ojo en toda la noche. Su mente espesa, paniqueada y en guardia, pensó que en esa escalera treparía algún bandido, capaz de robarle lo único que le queda: sus queridas plantas y la vida, la vida cruda que ha elegido.

Juan salió del laberinto de su viaje y tocó la flauta, la toca de oído y ahora como ángel emergido del infierno. En su purgatorio, ahora que sufre lo que quiere, ha estrechado lazos con el potrero desolado, el matorral y los jardines. Las plantas silvestres y las flores vecinas son su parentela sin prejuicios. Él le habla al Diente de León, al Yanten, al Árbol del Pan, a la Flor de un día, a los Tulipanes del barrio, a la Coca bendita.
No espera que le entiendan o le respondan. Es bien sabido que las plantas oyen, y él se fía de ellas. Ellas mismas lo protegen de sí mismo y de su asco.

Hace lunas cuando la cosa bien pudo haber sido trágica, una tormenta derribó los colosales guaduales verdes. Fueron a caer con tal fuerza estos bambúes, y el estrépito de los vientos fue de padre y señor mío, sobre el cambuche donde dormía el loco Juan. Lo hubieran sin duda partido, de cuerpo además del alma, dijo, de no ser que otra caña, gorda protectora, se cruzó para impedirlo. Y es hay de sin razones poderosas que están por encima del centavo.

Jorge Naranjo

ME CASAN MAÑANA VESTIDA
DE HOJAS DE OTOÑO

Gotas resbalan por el cristal
confundiéndolas por las de mis ojos.
Me casan mañana,
vestida de hojas de otoño
y zapatos de lluvia.
A él no lo conozco,
solo tengo nueve años,
un rostro invisible,
mercancía de cambio.
No sé nada el mundo
el mundo ignora que existo,
quiero ir al colegio
a jugar con letras y números
navegar por océanos, escribir cuentos.
Soy un pájaro sobre el suelo
mis alas están rotas.

Marijo Alba

DESAPARECIDOS

Una ola
golpea cuerpos
el mar
engulló sus sueños.

Marijo Alba

POEMA A MI HIJO ANDRÉS

Dedicado a mi madre- Margarita

Mamá, tú sabes que madre soy
Y un hijo creciendo está.
Un año de vida y más,
De inquietud, curiosidad.

Miedo a la oscuridad no le enseñaré
Para que con firmeza pueda andar.
Cuentos con carácter de historia no le contaré
Para que aprenda a distinguir,
De la mentira, la verdad.

Lo contagiaré de amor a la vida,
Sin inculcarle temor a la muerte.
Hay que vivir y con amor se vive,
Hay que morir y con valor se muere.

Bogotá 1981
Amparo Restrepo Vélez

LA ESPERANZA TIENE VOZ DE NIÑO

A los y las jóvenes que marchan por el clima

Bajan por la calle hordas de chiquillos
como una marea de calma intranquila,
gritan por su tierra y forman corrillos
con una juventud casi ofensiva.

167

Se quieren vivos.
Se quieren vivas.

Enmiendan sus cantos la mirada altiva
de la autoridad que tanto cuestionan.
Los advierten ya: si las dan, las toman,
y que de tomar ya hubo en demasía.
No se andan con bromas, pues les va la vida.

Tantos ríos de tinta por manchar el nombre
de una juventud que se ha dicho ociosa:
miradlas marchar rompiendo la prosa,
miradlos marchar contra el fin del hombre.
Mirad y admirad, con mueca celosa,
esta marabunta que no hay quien la sombre.

Es una alegría que no admite venganza,
es un repicar que no admite castigo,
solo un palpitar que ha de ser abrigo
de quien quiera unirse al compás de la danza:
una danza que, con fulgor de trigo,
tiñe el firmamento de verde esperanza.

Gerard Domínguez Reig

Soneto a un Mamarracho

Un mamarracho, bufón anaranjado
de una gran nación se ha vuelto presidente,
desde twiter con su pulgar muy caliente,
guerras arma sin parar este tarado.

Los tremendos retrocesos que ha logrado
con un solo manotón este demente,
que cumpliendo gobernar como creyente,
el fascismo en todo el mundo ha fomentado.

El derecho de mujeres ha usurpado,
obligadas   a parir sin otra opción,
mientras habla de pudor el depravado.

Al monigote cual pato bautizado,
Un día lo agarrarán, gran bravucón,
y será entonces, un Donald desplumado.

Sandra Dixon

ENTRE EL CIELO Y EL MAR

Azul el mar, el cielo
        Y mis ojos
Que curiosos buscan... en la inmensidad

Azul el mar, el cielo
        Y mis ojos
Que como muchos lloran... ante la crueldad.

Londres, Agosto 2014
Amparo Restrepo Vélez

SONETO A UN MAMARRACHO

Un mamarracho, bufón anaranjado
de una gran nación se ha vuelto presidente,
desde twiter con su pulgar muy caliente,
guerras arma sin parar este tarado.

Los tremendos retrocesos que ha logrado
con un solo manotón este demente,
que cumpliendo gobernar como creyente,

el derecho de mujeres ha usurpado,
obligadas   a parir sin otra opción,
mientras habla de pudor el depravado.

Al monigote cual pato bautizado,
un día lo agarrarán, gran bravucón,
y será entonces, un Donald desplumado.

Sandra Dixon (Colombia)

EPOPEYA DE UN AMANECER

Una alarma; y sobresaltadas las máquinas humanas
                                            (se alzan,
un reloj que sonoro tirita,
Baño gélido, seguido de un temblor que te hace pensar
                                    ("de frío me muero",
correr, desayuno; volver a correr, la respiración falta,
                                    (el pecho se agita,
besos y quizás un adiós incierto, calle y andén, autobús
   (y paradero. Atención ladrones al acecho dice un letrero.
Otro reloj descomunal da campanadas anunciando
                            (que el sol se colgará del techo,
tiempo que como pájaros vuela,
gente que sube, gente que baja, gente que huye,
unos que vienen, otros que van,
el que paga, y el que se cuela por la puerta de atrás,
el dormido despierto que jamás descansa
porque un solo salario no da de más.
El que se levanta a birlar la paga bien ganada, calles que
pasan, autos que suicidamente cruzan,
                                    (bocinas sordas al aire,
ruido que vuela,

una luz de hepatitis en alerta,
semáforos coléricos que dicen la marcha paren,
un verde bilioso que al estoico relaja,
leones de motores que rugen,
inercia que nos empuja a conjugar el verbo próximo,
o a los espaldares mullidos del pasado nuestras espaldas
hunden, vivaces gritos que nos alertan o asustan,
gases asesinos descontrolados que envenenan,
una risa amable, un saludo,
una conquista,
un cuerpo de ensueño;
tan solo es el estereotipo,
patrón de belleza que impulso no se resista.
Otro cuerpo de guardias que en manada
                                    (dan tantas palizas.
Un encoré de policías en inhumanos desalojos,
hordas de botas y uniformes de linfa untados
            (que arrasan la tierra y orgullosos gritan Arrr.
Un periódico matutino, una revista, en ambos mentiras,
mentiras, titulares que manchan nuestras manos con la
sangre fatal de ayer, nuestras memorias cimentadas
            (con la corrupción que no se ha querido ver,
las cárceles fugitivas para los impunes de siempre,
el delito de los hambrientos y por ello cautivos,
la ley manga por hombro,
los rostros reflectando su asombro.
El que calza charol por la alfombra o el piso,
el pie desnudo ahí sumiso,
uno que estruja, otro que empuja,
una amenaza, una mala palabra,
una vena enrabiada que del cuello brota,
una ira mortal,
un pálido cadáver,
miles de curiosos que vienen a ver,

más de miles de miles a quienes todo da lo mismo,
el amable que pide permiso por miedo o por razón.
el humo agresivo se levanta,
el humo en el espacio se riega
las chimeneas se quejan,
los caníbales de dinero obesos detrás de sus escritorios,
sus amantes sonrientes o humilladas en los dormitorios,
las voces van y vienen.
el rumor es cosecha,
giro a la izquierda, flecha a la derecha.
Todo ahora rechina, bulle la algarabía,
la ciudad despierta,
las fauces abiertas,
el dinero que borra el hambre salta afuera en gotas;
pero las jetas de las bóvedas bancarias se revientan
cuando este viene de vuelta.
La gente cabeza gacha a cada juego, a cada mensaje;
y las pantallas de los teléfonos relampaguean
                              (a cada llamada. Pasa el día,
pasa la vida,
pasan los hechos sin darnos cuenta.
Llega la noche,
se apaga la luz,
despiertos o muertos quedan los muchos que luchan
por el resplandor de un rayo, que traiga un mejor mañana;
mientras se apagan los ojos de las máquinas humanas.

Jorge Paesano

TODOS POR LA PAZ DE COLOMBIA

A la gente de Arboletes,
Que valiente y aguerrida,
Irrumpe como el volcán
Con ideas brillantes: para la vida.

Porque la guerra es injusta,
La guerra es inhumana
Construyendo hoy la Paz
Aseguramos a los hijos un mañana.

La guerra nos oprime el corazón.
Nos duele el alma.
Con guerra no hay sosiego,
Felicidad ni calma

Tenemos que arrinconarla,
No más espacio para ella.
Hay que agotarle el tiempo,
Acecharla y derrotarla.
La vida es mucho más bella.

Exaltemos a la vida,
Que es derecho universal.
Construir La Paz, desde hoy,
Debe ser nuestro ideal.

No más prebendas para la guerra,
Ni más hijos enredados en su maraña.
La Paz es sublime ideal,
La guerra es una patraña.

La guerra es dolor y zozobra.

Colombianos todos por la Paz.
¡Manos a la obra!

Desde el exilio en Reino Unido; Junio 3 de 2016
Amparo Restrepo Vélez

MORIR MATANDO

A la hora del combate tengo miedo
Y en mi pecho galopa indómito mi corazón,
mis sentidos más alertas que nunca se enloquecen
y me transformo en un animal sin razón

Repentinamente el "enemigo" aparece,
Si acaso catorce años tendrá.
Y ya los dos sabemos que esta tarde,
aún sin conocernos
solo uno de los dos sobrevivirá.

Soy una fiera desbocada,
Llena de miedo, ansiedad y euforia.
La daga amenazante en sus manos
Cede ante mí, lo domino:
Obtengo la victoria.

Mientras su alma sucumbe ante mi daga
Su sangre caliente quema mi espíritu y mi brazo.
Él se muere…y con él se lleva lo que fui,
Se está llevando mi alma de un zarpazo.

Bañado en sudor y sangre
Lloro y maldigo amargamente.
Qué mierda es esta guerra ajena,
Que me obliga a enfrentar la muerte.

Yo no pedí venir.
Seguro que él tampoco.
Y esta tarde sin cruzar palabra
Los dos hemos perdido.
Él ha muerto para siempre
y yo he muerto un poco.

Sandra Dixon

NIÑOS DE LA CALLE

Caminando por las calles
Van los niños en silencio
En el silencio amargo de la incertidumbre
Sin paz ni regocijo
Ni una luz que alumbre

Un andar de laberintos
Entre lo escabroso y oscuro
Un camino largo por recorrer
Entre el horizonte y futuro.

En un divagar de ensueños
Entre pesadillas y sueño
Con una realidad más amarga que la hiel
Pero con deseos de vivir y la esperanza a flor de piel.

Londres. Septiembre del 2000
Amparo Restrepo Vélez

SONARON LAS ALARMAS

En la aurora sonaron las alarmas.
la trágica hora cero al fin llegó.
Aturdido preparé mis armas,
"Matar o morir" mi Mayor exigió.

No elegí pelear en esta guerra:
sin opción, el Estado me forzó.
tampoco mi adversario vino libre:
de niño a él, la guerrilla reclutó.

Los amos de la muerte de cada bando
nos obligan a luchar, a combatir,
cual fichas de ajedrez nos van quemando,
cual fichas de ajedrez dejaremos de existir.

Sonaron las alarmas sin retraso,
el ruido aplastante heló mi corazón.
con suerte aún estoy vivo en el ocaso,
exhalando sangre, barro y quemazón.

Hoy del combate salí vivo.
Algunos de mis compañeros no.
Otros vuelven a casa en pedazos
Quizás mañana seré yo.

Sandra Dixon

ÍNDICE DE AUTORES:

Gerard Domínguez Reig (España)
gdominguez.reig@gmail.com
Pag. 19, 31, 49, 56, 117, 167

Bárbara López Cardona (Colombia)
barbaramcligia@hotmail.com
Pag. 26, 37, 79, 101

Claudia Lozano González (México)
cglez80@yahoo.com
Pag. 16, 30, 34, 36, 60, 73, 111, 113, 148

Jorge Naranjo (Colombia)
cocosurcos9@gmail.com
Pag. 103, 137, 163

Jorge Paesano (Colombia)
jorge.paesano@gmail.com
Pag. 17, 29, 115, 147, 162, 170

Sonia Quinteros (Colombia)
sonesquin@hotmail.com
Pag. 16, 20, 51, 74, 105, 121, 150

Amparo Restrepo Vélez (Colombia)
restrepoz@yahoo.com
Pag. 53, 57, 78, 81, 159, 165, 168, 173, 175

Ana María Reyes (Venezuela)
losrelojesmuerden@gmail.com
Pag. 13, 95, 106, 156

Xaviera Ringeling (Chile)
xavieraringeling@gmail.com
Pag. 87

Palmacera Suárez (Colombia)
asuarezz@hotmail.com
Pag. 11, 22, 31, 59, 73, 80, 98, 112, 133, 143, 155

Isaac Suárez (R. Dominicana)
isymoky07@gmail.com
Pag. 18, 27, 33, 38, 54

Karina Pearl Thorne (United Kingdom)
shareyourstorywithconfidence@gmail.com
Pag. 77, 82, 104, 108, 120, 136, 146

Juan Toledo (Colombia)
juantoledouk@gmail.com
Pag. 11, 19, 23, 38, 75, 97, 98, 110, 123, 128, 132, 136, 137, 142, 146

Enrique D. Zattara (Argentina)
edzattara@gmail.com
Pag. 12, 68, 83, 99, 127, 151, 160

46501289R00108

Printed in Poland
by Amazon Fulfillment
Poland Sp. z o.o., Wrocław